EDUQUE SEM MEDO DE ERRAR

(Nem DE ACeRTaR!)

DANI FIORAVANTE

EDUQUE SEM MEDO DE ERRAR

(Nem DE ACeRTaR!)

PSICOLOGIA APLICADA PARA PAIS

academia

Copyright © Daniele Fioravante, 2025
Copyright © Editora Planeta do Brasil, 2025
Todos os direitos reservados.

Preparação: Wélida Muniz
Revisão: Fernanda Guerriero Antunes e Tamiris Sene
Projeto gráfico e diagramação: Gisele Baptista de Oliveira
Capa: Guilherme Vieira (Estúdio Daó)

DADOS INTERNACIONAIS DE CATALOGAÇÃO NA PUBLICAÇÃO (CIP)
ANGÉLICA ILACQUA CRB-8/7057

Fioravante, Daniele
  Eduque sem medo de errar (nem de acertar!) / Daniele Fioravante. – São Paulo : Planeta do Brasil, 2025.
  224 p.

  ISBN: 978-85-422-3647-7

  1. Educação de crianças 2. Pais e filhos I. Título

25-1784 CDD 649.1

Índice para catálogo sistemático:
1. Educação de crianças

Ao escolher este livro, você está apoiando o manejo responsável das florestas do mundo

2025
Todos os direitos desta edição reservados à
Editora Planeta do Brasil Ltda.
Rua Bela Cintra, 986, 4º andar – Consolação
São Paulo – SP – 01415-002
www.planetadelivros.com.br
faleconosco@editoraplaneta.com.br

A todas as famílias que já atendi, e que tanto me ensinaram ao longo desses anos como psicóloga infantil, e a todas aquelas que puderem, de alguma forma, se beneficiar desses conhecimentos sobre desenvolvimento infantil para educar sem medo de errar (e nem de acertar!).

"A infância é o chão que a gente pisa a vida inteira!"

(LYA LUFT)[1]

---

[1] LUFT, L. *Perdas e ganhos*. Rio de Janeiro: Record, 2023.

Apresentação 15

1. Como você chegou até aqui 18

Introdução 21

CAPÍTULO 1 Alicerces da paternidade/maternidade: entendendo os fundamentos da saúde emocional do seu filho 25

CAPÍTULO 2 Visão de raio X: decifrando o que está por trás do comportamento do seu filho 30

2. Primeira infância: 0 a 3 anos 38

CAPÍTULO 3 O que está acontecendo com o seu filho? 41

CAPÍTULO 4 Cama ou quarto compartilhado? 50

CAPÍTULO 5 Chupeta: usar ou não usar? 54

CAPÍTULO 6 Como realizar o desmame e a retirada da chupeta de maneira gentil e respeitosa? 59

CAPÍTULO 7 Desfralde: quais são os sinais e como realizar? 64

CAPÍTULO 8 Brincadeiras indicadas para a idade 70

CAPÍTULO 9 Os incríveis 2 anos! Como lidar? 75

CAPÍTULO 10 Morder ou ser mordido? Como agir com a criança que agride ou é agredida 80

3 Segunda infância: 3 a 6 anos 84

CAPÍTULO 11 O que está acontecendo com seu filho? 87

CAPÍTULO 12 Entrada na escola e início da alfabetização 94

CAPÍTULO 13 Brincadeiras indicadas para a idade 99

CAPÍTULO 14 A fase dos porquês 102

CAPÍTULO 15 A descoberta da sexualidade e a masturbação infantil 105

CAPÍTULO 16 Como lidar com as birras 110

CAPÍTULO 17 E a relação entre irmãos? 116

CAPÍTULO 18 Pesadelos, sonambulismo e terror noturno 122

CAPÍTULO 19 Como lidar com os medos infantis? 126

CAPÍTULO 20 Meu filho fala em morte ou em morrer 129

4 Terceira infância: 6 a 11 anos 134

CAPÍTULO 21 O que está acontecendo com seu filho? Fase do Rubicão! 137

CAPÍTULO 22 Transtornos de aprendizagem: como identificar e lidar? 142

CAPÍTULO 23 Brincadeiras indicadas para a idade 147

CAPÍTULO 24 Como monitorar e reduzir o uso de telas? 149

CAPÍTULO 25 Promovendo a autonomia
do seu filho   154

CAPÍTULO 26 Tarefas domésticas: como
meu filho pode ajudar em casa?   159

CAPÍTULO 27 Mesada: dar ou não dar?
Eis a questão   164

CAPÍTULO 28 Pequenos furtos e mentiras
das crianças: o que fazer?   169

CAPÍTULO 29 Socorro, meu filho não quer escovar
os dentes nem tomar banho!   173

5 Psicologia aplicada para os pais   176

CAPÍTULO 30 E depois de tudo isso,
como agir com seu filho?   179

CAPÍTULO 31 Ferramentas que
podem ajudar você!   187

CAPÍTULO 32 Estratégias que podem
funcionar com o seu filho   199

Breve conclusão   217

Agradecimentos   219

Apresentação

Desde muito pequena me impressionava uma máxima comumente atribuída ao poeta e ensaísta José Martí: "plantar uma árvore, ter um filho e escrever um livro: três coisas que toda pessoa deve fazer durante a vida". Tanto que, aos 9 anos, fiz questão de plantar, na chácara de uma prima, uma mudinha de árvore que ganhei em uma comemoração na escola (nem me lembro exatamente qual). Essa foi uma tarefa fácil! Faltava ter filhos e escrever um livro!

Ter filhos a princípio parecia fácil também (só à primeira vista mesmo... pais e mães me entenderão), pois em meus sonhos e brincadeiras de infância sempre me imaginava sendo mãe de uma porção de bebês. Mas na realidade esses filhos demoraram mais do que o planejado.

Entretanto, foi com a maternidade do João, um bebê prematuro de 32 semanas, e da Leticia, por via da adoção, que pude experimentar na prática todas as delícias e os desafios que educar representa na vida dos pais e mães cotidianamente.

E foi assim que surgiram o desejo e a ideia deste livro: poder aliar meus conhecimentos de neurociência e desenvolvimento infantil, bem como minhas experiências com a maternidade, trazendo um conteúdo prático e objetivo capaz de auxiliar pais e mães a educar sem medo de "errar" nem de "acertar", contribuindo com o desenvolvimento emocional saudável de crianças e adolescentes.

E, assim, plantei uma árvore, tive filhos e escrevi um livro! Sinto-me plenamente realizada com minhas obras e espero que este livro possa também dar bons frutos e contribuir com a educação dos seus filhos. Um abraço!

PARTE 1

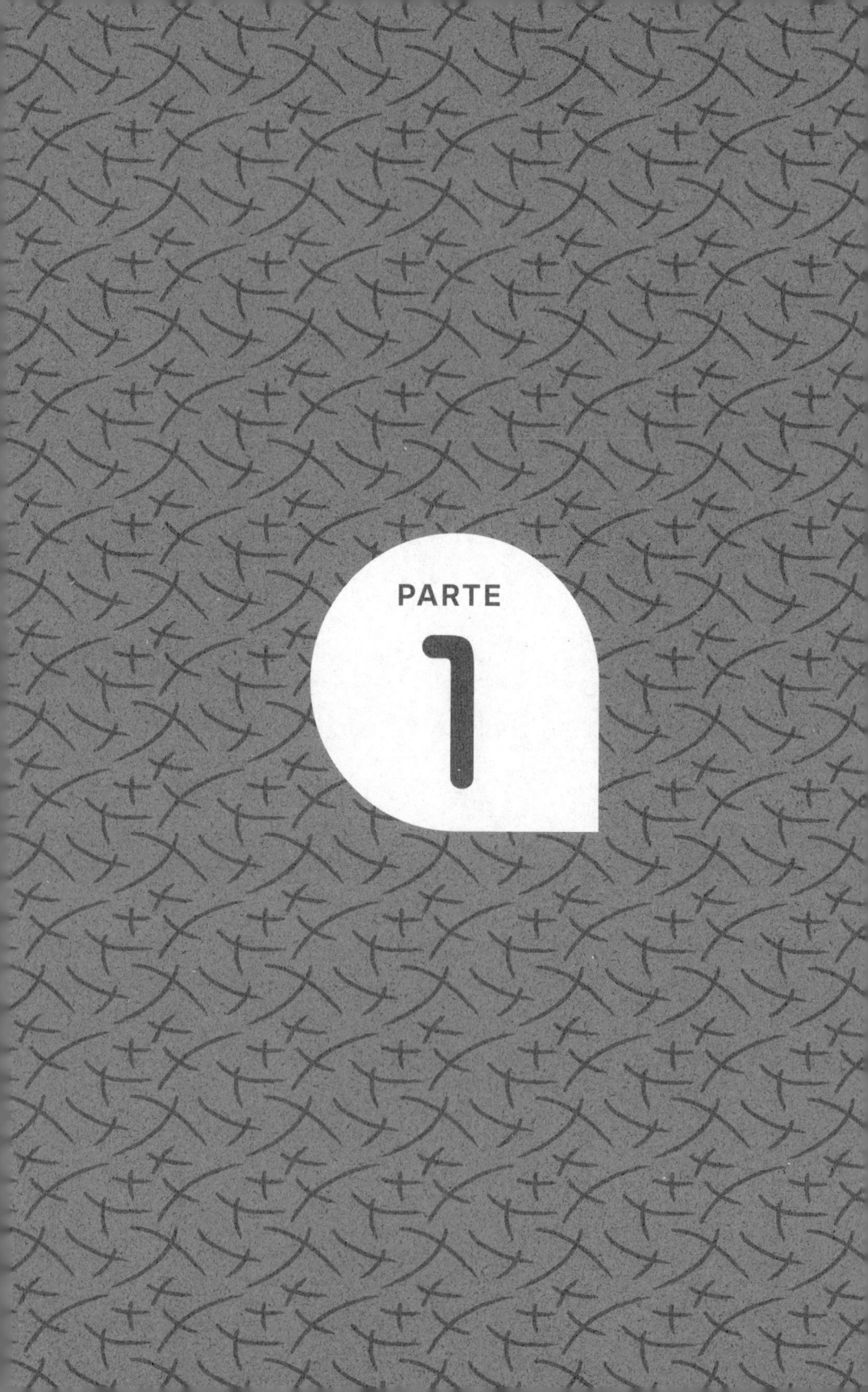

Como você chegou até aqui

Introdução

Se você, pai ou mãe, chegou a este livro, tenho certeza de que não foi por acaso. Eu conheço você! É o tipo de pai/mãe que se dedica, que busca informações, que pesquisa, que tenta evoluir cotidianamente para acertar na educação do seu filho.

É aquele pai/mãe que acredita que não basta a criança estar viva. Que não basta apanhar e não morrer. Você quer que seu filho tenha um desenvolvimento emocional saudável. Quer que ele não tenha traumas, transtornos de ansiedade, baixa autoestima, dificuldade de expor as próprias ideias e opiniões, e tantas outras consequências desastrosas causadas pela educação punitiva.

Então, para começarmos, já vou propor um exercício. Escreva nas linhas a seguir tudo o que você quer e busca para o seu filho: como quer educá-lo? Com respeito ou com castigo e punições? Que tipo de adulto quer que ele seja: autônomo, proativo, decidido? Obediente? Respeitoso? Empático?

....

....

....

....

Se você é realmente esse tipo de pai/mãe que eu conheço e está buscando um desenvolvimento emocional saudável para o seu filho, tenho certeza de que descreveu que deseja que ele se torne um adulto responsável, autônomo, resiliente, proativo e decidido.

E, por isso, a primeira coisa que preciso dizer a você é: não dá para criar uma criança passiva e obediente e depois querer que ela se torne um adulto proativo e resiliente. Não dá para virar essa "chave" de uma hora para outra. Mas a boa notícia é que dá, sim, para cultivar essas habilidades desde a infância do seu filho.

Sim, eu sei que acertar o caminho por vezes não é tarefa fácil. Que essa criança teimosa de hoje (o adulto resiliente de amanhã) muitas vezes tira você do sério e lhe faz ter sérias dúvidas de estar acertando ou errando na educação dela.

Sei também que por vezes você está esgotado e não tem mais paciência, e sei disso porque eu também sou mãe! Sei que por vezes você grita, briga, põe de castigo e se arrepende depois... Que muitas vezes você se sente culpado, cobrado, sobrecarregado e sem saber como agir.

Sei que você não quer errar e repetir a educação violenta, tradicional e autoritária que recebeu dos seus pais, mas que às vezes sente que perde a mão. Sei que você se pergunta se está acertando, se está sendo permissivo demais ou se está recaindo naquele velho modelo que jurou não repetir com os próprios filhos.

É assim que você se sente? Quais são os seus sentimentos e pensamentos como pai/mãe? Escreva a seguir (sem nenhum tipo de julgamento) todos os seus sentimentos e pensamentos sobre sua paternidade/maternidade.

....

....

....

....

....

Se você se sente perdido(a), culpado(a), cobrado(a) quanto à educação dos seus filhos. Se sente que não tem apoio, se não sabe se está errando ou acertando e se está buscando ajuda e orientação para educar com mais consciência, respeito e leveza... Posso dizer que você chegou ao lugar certo!

É exatamente isto que busco aqui: trazer informações embasadas na Psicologia do Desenvolvimento, na Análise do Comportamento,[2] nas Neurociências, tendo como base minha

---

[2] Em linhas gerais, a Psicologia do Desenvolvimento é uma disciplina que se dedica a estudar as mudanças – ou as ausências delas – que atingem as pessoas no decorrer de suas vidas. Já a Análise do Comportamento é uma ciência natural, formulada pelo psicólogo norte-americano B. F. Skinner, que estuda o comportamento humano e de outros animais a partir da interação entre organismo e ambiente.

experiência em mais de vinte anos de atuação como psicóloga clínica infantil e do adolescente.

Mas calma! Só porque a informação é de qualidade, não significa que precisa ser difícil ou complexa. Minha missão neste livro é traduzir esses conceitos em estratégias práticas e fáceis que possam ser aplicadas no seu dia a dia com seus filhos.

E já que é para ser fácil e prático, nosso material está estruturado da seguinte forma: os dois primeiros capítulos são a base e devem ser lidos na íntegra. No primeiro, vamos entender melhor os alicerces da sua paternidade/maternidade; no segundo, tudo aquilo que está por trás do comportamento do seu filho.

Os capítulos seguintes estão separados por idade e/ou tema, e foram estruturados de modo que você possa recorrer àquele conteúdo ou àquela orientação de maneira rápida e facilitada!

No último capítulo, proponho alguns exercícios para que consiga colocar em prática tudo o que aprendeu. Espero que aproveite a leitura e não se esqueça: "Dar o que não tivemos dói, mas nos cura!".[3]

P.S.: aos amigos e colegas de profissão: apesar de este ser um material escrito para pais, tenho certeza de que a leitura vai trazer a vocês muitos insights e ferramentas para trabalhar com crianças e suas famílias! Então, aproveitem, e qualquer dúvida é só me procurar nas redes sociais!

Um abraço, e embarquem nesta jornada!

---

3 LABORDA, Y. La hija que fuiste, la madre que eres. *Yvonne Laborda*, 11 ago. 2018. Disponível em: https://yvonnelaborda.com/la-hija-que-fuiste-la-madre-que-eres/. Acesso em: 26 ago. 2024.

CAPÍTULO 1

Alicerces da paternidade/maternidade: entendendo os fundamentos da saúde emocional do seu filho

Se tem uma frase que eu sempre repito para os pais e mães é: "O comportamento do seu filho tem mais a ver com você do que com ele".

Sim, sei que à primeira vista a frase parece estranha, mas a seguir trago um exercício que vai te ajudar a ver como ela é verdadeira. Preparado? Então vamos lá!

Escreva a seguir um comportamento do seu filho que irrita muito você, que te tira do sério mesmo:

....
....
....
....
....

Agora, assinale a alternativa que melhor descreve por que esse comportamento te irrita tanto:

- ☐ É um comportamento exatamente igual a um meu que busco modificar, e sei que, se meu filho for assim, vai sofrer no futuro.
- ☐ É um comportamento exatamente oposto a um meu, e sei que, se meu filho não aprender comigo e modificar esse padrão, vai sofrer no futuro.
- ☐ É um comportamento que vai totalmente contra os meus valores e/ou aquilo em que acredito, e não gostaria que meu filho fosse assim no futuro.

Olhando mais atentamente os motivos (que têm relação com você) que fazem seu filho apresentar esse comportamento que tanto te irrita, assinale a alternativa, ou alternativas, que você acredita que seja(m) mais verdadeira(s) na sua relação com ele:

- ☐ Mesmo sendo um comportamento que me irrita, sei que sou modelo para o meu filho e muitas vezes acabo gritando, por exemplo, mesmo não gostando que ele grite.

☐ Mesmo sendo um comportamento que me irrita, sei que muitas vezes contribuo de alguma forma para que ele aconteça. Por exemplo, gostaria que meu filho se vestisse sozinho para ir à escola, mas na correria do dia a dia, mesmo brigando com ele, acabo vestindo-o para ele não chegar atrasado.

☐ Mesmo sendo um comportamento que por vezes me irrita, sei que meu filho faz isso para chamar minha atenção.

Viu só? Tudo aquilo que buscamos modificar e melhorar no nosso filho passa primeiro por nossos valores, crenças e características pessoais como **pais ou mães, além, é claro, por nossa história de vida**.

E por falar em história de vida, é fato que, com raras exceções, a nossa geração foi educada com base no autoritarismo, na punição, no castigo, e é esse modelo que tivemos que muitas vezes aplicamos também em nossos filhos. E é fato ainda que, ao aplicar esse modelo, nos lembramos de tudo o que sofremos como consequência dele.

Nós nos lembramos do quanto ele afetou nossa autoestima, do quanto não nos sentíamos valorizados, ouvidos ou acolhidos. Com isso, nos sentimos culpados por usar essa forma de educar e acabamos caindo no extremo oposto: na permissividade como maneira de recompensar a criança e de fazer com que ela (e principalmente nós mesmos) se sinta melhor.

Identificou-se com essa situação? Qualquer semelhança com a realidade não é mera coincidência, e sim algo que vejo acontecer cotidianamente nos lares das mais de mil famílias (sim, mil!) que já atendi.

Mas mantenha a calma, pois é possível romper o ciclo e mudar esse cenário, e é isso que vou te ensinar nas próximas páginas. Começando, é claro, pela compreensão do desenvolvimento do seu filho para que você possa, parafraseando algo que já ouvimos muito: *"Ser a mudança que deseja ver no seu filho"*.

Tudo aquilo que buscamos modificar e melhorar no nosso filho passa primeiro por nossos valores, crenças e características pessoais como pais ou mães, além, é claro, por nossa história de vida.

CAPÍTULO 2

Visão de raio X: decifrando o que está por trás do comportamento do seu filho

Acredito que todos nós – ou pelo menos a maioria – conhecemos a trágica história do acidente do Titanic, que naufragou levando milhares de pessoas à morte após colidir com um iceberg. Você talvez esteja pensando: *Sim, eu conheço a história, mas não sei o que ela tem a ver com desenvolvimento infantil!* Fique tranquilo que eu te explico.

O comportamento dos nossos filhos, assim como acontece com um iceberg, tem a sua maior porção submersa em águas profundas. Por isso é preciso mergulhar mais fundo para compreender o que está acontecendo, sem correr o risco de naufragar na educação deles.

Se tem algo que eu sempre digo é: "Não é malcriação, é comunicação!".

Por mais que aquela birra, teimosia ou resposta atravessada seja o que a gente chama de "mau comportamento", devemos entender que sempre há um pedido de ajuda por trás de todo o mau humor dos nossos filhos.

As crianças não conseguem verbalizar seus sentimentos da maneira mais efetiva (e, muitas vezes, nem os adultos), dizendo: "Estou ansioso e triste em precisar ir à escola hoje, pois não estou conseguindo fazer amigos!". E, sem maturidade cognitiva e emocional para se expressar com palavras, a criança vai utilizar o corpo para te pedir ajuda! Ela vai gritar, chorar, se jogar no chão para não ir à escola, ou mesmo enrolar para colocar o uniforme e/ou almoçar.

É claro que este é só um exemplo, mas também é fato que todo mau comportamento é um pedido de ajuda. Então, que tal em vez de punir ou castigar seu filho por estar pedindo sua ajuda (ainda que não seja da melhor maneira possível, e sim do modo como esse serzinho consegue se expressar), tentar entender o que ele quer te dizer e apoiá-lo?

Sim, eu sei que agir dessa forma é, muitas vezes, extremamente difícil. Como vimos no Capítulo 1, o comportamento do seu filho te afeta de várias maneiras, o que torna mais complexo identificar logo de cara o que ele está comunicando. Mas como nos diria a Raposa de *O pequeno príncipe*: "O essencial é invisível aos olhos".[4] O que proponho agora é buscar entender os reais motivos do comportamento do seu filho para, assim, poder te ajudar a resolver a situação. Vamos lá?

---

4 SAINT-EXUPÉRY, A. *O pequeno príncipe*. Rio de Janeiro: Antofágica, 2022.

Todo mau comportamento
é um pedido de ajuda.

Análise do comportamento

Lembra aquele comportamento do seu filho que mais te irrita e que você registrou no Capítulo 1? Vamos voltar a ele. Quer anotá-lo aqui novamente para não esquecer?

....

....

Agora, vamos tentar identificar tudo o que pode estar acontecendo *antes* de o seu filho ter esse comportamento e verificar se há alguma relação. Vou te dar uma lista de coisas que podem estar acontecendo, mas você também pode acrescentar outras com base no seu dia a dia e na rotina familiar.

Seu filho está:
- ☐ Com alguma necessidade fisiológica não satisfeita (fome, sono, sede...).
- ☐ Sentindo medo, ansiedade, tristeza, angústia, frustração ou outro desconforto emocional.
- ☐ Necessitando de atenção e carinho.
- ☐ Com muita energia, muitas vezes mal direcionada, e sente necessidade de extravasar.
- ☐ Passando por uma fase de desenvolvimento em que a busca por autonomia, "os nãos", ou tudo aquilo que estamos chamando de mau comportamento é, na verdade, um padrão esperado para a idade.

☐ Qualquer outro motivo que você consiga identificar que possa estar relacionado ao comportamento do seu filho:

....

....

Lembre-se de que, conforme veremos neste capítulo, não é um sentimento que causa o mau comportamento, e sim algo que ocorreu na vida do seu filho e que o fez se sentir dessa forma e se comportar de determinada maneira. O fato é que os sentimentos podem, sim, nos dar pistas do que está ocorrendo.

Cada fase traz seus próprios desafios, por isso é de suma importância compreender um pouco mais o desenvolvimento do seu filho, como veremos nos capítulos seguintes.

Além de todos os motivos que você marcou no exercício, não se esqueça de que, por mais novo que seja o seu filho, a infância é um período de intensa atividade cerebral e aprendizagem, o que significa que tudo aquilo que ele vivencia deixa marcas profundas e influencia em suas experiências posteriores.

E o que quero dizer com isso é que não só o que acontece antes do comportamento do seu filho, mas também as *consequências* que ele experiencia ao longo da vida vão contribuir para manter, ou não, o comportamento que te irrita tanto.

Eu te darei um exemplo: vamos supor que você identificou que a necessidade de atenção pode estar relacionada à birra que seu filho faz na hora de dormir. Se você começa a identificar que quanto mais birra ele faz, mais tempo (e mais atenção) você despende, acalmando-o e tentando fazê-lo dormir, então fica fácil perceber que a consequência de ter essa atenção pode estar contribuindo para manter a birra na hora de dormir, certo?

Agora é a sua vez de fazer a análise do comportamento do seu filho. Preencha a tabela a seguir com o comportamento, os motivos que você entendeu que podem estar relacionados a tal comportamento e as consequências que o seu filho está enfrentando e que podem estar contribuindo para a sua aprendizagem atual.

MOTIVOS	COMPORTAMENTO	CONSEQUÊNCIA	APRENDIZADO
Necessidade de atenção	**BIRRA**	Atenção da mãe na hora de dormir	"Se eu durmo rápido e sem reclamar, não tenho atenção da minha mãe, mas, se demoro ou faço birra, ela fica aqui comigo!"

VISÃO DE RAIO X

Viu só? A análise deve ser muito mais ampla do que apenas enxergar o comportamento em si. Quando a gente olha apenas para o comportamento, para a birra, por exemplo, temos um limite de estratégias para usar frente a esse comportamento, então buscamos uma dica ou método pronto para que a criança não faça mais isso, ou conversamos e/ou a punimos para que ela pare com tal atitude.

Tenho certeza de que se você está lendo este livro, é porque punir, conversar, prometer, castigar, recompensar podem até ter funcionado por um tempo, mas não produziram os resultados que você esperava.

Isso porque essas dicas e/ou palpites podem até ter funcionado para outras famílias em outros contextos, mas, quando o assunto é o seu filho, não há ninguém melhor do que você para saber os seus próprios contextos. Não há ninguém melhor que você para compreender o seu filho e lidar com ele.

E como fazer isso? Não se trata de punir, ou, por exemplo, como a gente ouve muito por aí, de ignorar a birra, de deixar chorando, de virar as costas e ir embora. Que pai ou mãe, em sã consciência, negaria comida ou água ao filho quando ele pede? Pois é! Tenho certeza de que esse mesmo pai/mãe (no caso você) não negaria atenção e cuidado quando o filho realmente precisa!

Não se trata de ser punitivo, tampouco significa que você deva ser permissivo; é preciso, antes, entender o comportamento e o desenvolvimento da criança, e depois procurar um meio-termo, buscar oferecer todo o apoio, cuidado e carinho de que seu filho precisa, mas de maneira muito mais efetiva para ele e leve para você. Faz sentido?

E o que vamos abordar no último capítulo: estratégias e ferramentas que podem tornar a sua maternidade/paternidade mais leve e feliz, sem estresse para você nem traumas para o seu filho.

Mas, para isso, como já mencionei, é preciso entender o desenvolvimento infantil, saber o que seu filho é, ou não é, capaz de realizar em cada etapa para, assim, com expectativas reais e baseadas em dados científicos, saber como conduzi-lo.

E é este mergulho que faremos ao longo dos próximos capítulos. Lembrando, é claro, que este livro foi organizado de acordo com comportamentos e/ou padrões mais característicos de cada etapa de desenvolvimento, como é o caso do tema *desfralde*, que, didaticamente, faz parte do ciclo de desenvolvimento entre 0 e 3 anos.

Contudo, a intenção desta obra é te ajudar, não categorizar nem rotular o seu filho em termos de desenvolvimento. Então fique à vontade para transitar entre os temas, focando muito mais o que seu filho está vivendo no momento do que a idade cronológica dele. Vamos juntos?

PARTE

2

Primeira infância:
0 a 3 anos

CAPÍTULO 3

O que está acontecendo com o seu filho?

Este primeiro ciclo do desenvolvimento infantil, de 0 a 3 anos, é de fundamental importância tanto para que se completem algumas etapas de desenvolvimento iniciadas antes do nascimento quanto para o desenvolvimento de marcos e habilidades importantes que estarão presentes durante toda a vida do seu filho, como andar e falar.

Os primeiros três anos de vida são um período marcado por conquistas importantes, como o desfralde e a entrada na escola. Conquistas que, conforme veremos mais à frente, trazem alguns desafios importantes para pais e mães. Neste capítulo, porém, vamos nos concentrar no desenvolvimento infantil característico desta etapa.

Somente no primeiro ano da criança, há um emprego de até 110% em energia para a formação do cérebro, que tem um aumento de três vezes o seu tamanho original. E esta não é a única formação que vai se completar nos primeiros meses de vida do seu filho. O sistema digestivo, por exemplo, até se desenvolver plenamente, pode vir a causar refluxos e/ou cólicas, tão presentes nos primeiros meses de vida.

Ao nascer, a criança já é capaz de reconhecer alguns cheiros e até sons da vida intrauterina, daí a importância de conversar com seu bebê desde a gestação e nos primeiros meses dele. Já a visão ainda não está completamente desenvolvida, refinando-se apenas por volta dos 8 meses. Nesse momento, percebemos que, ao reconhecer determinadas pessoas e não outras, a criança passa a desejar e requerer a presença de algumas delas, ao mesmo tempo que pode vir a estranhar ou rejeitar outras.

As primeiras ações

No primeiro ano de vida, os movimentos da criança se iniciam como atitudes não intencionais, passando a refletir algum direcionamento a partir do efeito que produzem no ambiente à sua volta. Assim, nas primeiras vezes em que balança um móbile de berço, o que acontece é um movimento descoordenado de pernas e braços do bebê. À medida que ele percebe que suas ações produzem efeitos no ambiente, vai coordenando os movimentos, adquirindo a intencionalidade de balançar o móbile, por exemplo.

Experimentar os efeitos de suas ações no mundo passa a ser extremamente prazeroso, além de instrutivo para a criança. E é por isso que os bebês até por volta de 1 ano gostam tanto de jogar objetos e ver o barulho e o efeito que produzem quando jogados longe, ou de brincar repetidamente de "Cadê? Achou!" e redescobrir objetos e pessoas que, na verdade, nem saíram do lugar.

Está vendo só? Quando a criança de 1 a 2 anos joga no chão aquele objeto que você recolhe repetidas vezes, não é para te desobedecer, te manipular nem te desafiar. Na verdade, a criança ainda não tem capacidade cognitiva de planejar essas ações. Ela está apenas experimentando o mundo e os efeitos de suas ações.

E a palavra aqui é realmente *redescobrir*. Até por volta de 1 ano, as crianças não têm a noção de permanência do objeto, ou seja, não sabem que seu brinquedo continua escondido embaixo daquela fralda. Da mesma forma, ainda não conseguem entender que a mãe que foi trabalhar ainda vai voltar quando o dia chegar ao fim.

Nessa idade, as crianças são mesmo imediatistas e não conseguem aguardar até que a mamadeira fique pronta ou que a mãe termine seu banho. E, é claro, usam o choro para comunicar qualquer tipo de desconforto. Mas basta um pouco de proximidade com elas para que nós, adultos, percebamos as diferentes causas desse choro (fome, dor ou fralda suja) e passemos a agir de acordo com aquilo de que elas necessitam.

É por meio das nossas ações que a criança aprende a ler o mundo à sua volta, um mundo que ela ainda não entende nem absorve muito bem, e começa a entender como algo muito maior do que ela e suas necessidades.

Sim, dizemos que as crianças de até 3 anos são egocêntricas, mas o que isso significa? Que elas ainda são autocentradas, não pelo egoísmo de quem entende que há um mundo ao redor, mas que ainda assim pensa apenas em si, e sim como alguém que ainda não compreendeu a complexidade do mundo e que o percebe apenas a partir de suas ações e consequências.

* É por meio das nossas ações que a criança aprende a ler o mundo à sua volta.

Assim, se a criança chora e é atendida, acolhida, vai entender o mundo como bom, acolhedor, positivo, aconchegante. Se chora e é negligenciada, vai perceber o mundo como ruim, mau, hostil. Isso, certamente, influenciará todas as suas relações futuras, e ela pode até desenvolver a tendência de perceber pessoas e situações como potencialmente boas e seguras ou más e ameaçadoras.

Quando entendemos esse aspecto, compreendemos também o quanto é negativo deixar a criança chorar até cansar ou até dormir. É claro que a técnica funciona, sim, pois uma hora o bebê vai se deixar vencer pela fadiga e adormecer. Contudo, mesmo dormindo, ele está aprendendo que o mundo é um lugar hostil no qual não importa o que você faça, ou o quanto peça ajuda, claramente não será atendido. Conforme cresce, esse bebê busca experimentar outras formas de entender o mundo e buscar seu lugar nele.

Não, não, não!

Com a conquista da fala, entre 1 e 2 anos, tornam-se frequentes os *nãos*. Além de essa ser uma palavra que a criança ouve todos os dias, e acaba repetindo de acordo com os modelos que recebe, é a primeira forma rudimentar que ela utiliza para colocar sua *voz* e seu *querer* no mundo. É claro que é difícil para nós, pais e mães, lidar com essas negativas e crises constantes, e eu vou falar mais delas quando abordarmos os "incríveis 2 anos", mas, por hora, quero apenas destacar que este é um marco de desenvolvimento saudável e esperado do seu filho.

Como forma de colocar sua opinião e voz no mundo, e muitas vezes sem saber dialogar, argumentar e pedir de maneira mais efetiva, nessa idade as crianças podem utilizar o corpo e a força física para falar e pedir o que ainda não conseguem verbalizar. Por isso nessa fase são comuns, e esperados, tapas, mordidas e beliscões, não só entre as crianças, mas também direcionados aos adultos. Neste livro vamos entender os motivos para que isso aconteça, entretanto devemos ensinar às crianças melhores maneiras de agir, conforme veremos mais adiante.

É importante que você, pai ou mãe, esteja atento ao desenvolvimento da fala do seu filho, tendo em vista que ele deve conseguir se comunicar com as palavras e se fazer entender até os 2 anos e meio. Se após essa idade, e mesmo recebendo a estimulação adequada, a criança ainda não estiver com a habilidade consideravelmente desenvolvida, é importante buscar uma avaliação e orientação qualificada.

Cabe ainda destacar que certa gagueira transitória pode ocorrer quando seu filho iniciar a construção de frases. Nesse caso, muitas vezes a dificuldade de articulação decorre do tempo necessário ao cérebro da criança para encontrar e organizar as palavras. Mas se você perceber que a dificuldade persiste ou se relaciona aos estados emocionais do seu filho, não hesite em buscar ajuda.

Criança é movimento!

Outra aquisição importante do período, e que também deve ocorrer até por volta dos 2 anos e meio, é a habilidade de andar.

Geralmente por volta de 1 a 1 ano e meio a criança já começa a se locomover sem apoio, utilizando a capacidade recém-adquirida para conhecer o mundo. Ela sobe, desce, anda, levanta e também cai, é claro.

Oferecer um ambiente seguro para que ela possa explorar, cair e levantar sem grandes consequências ou traumas é fundamental para que ela desenvolva espírito aventureiro e não tenha medo do mundo ao seu redor. Aqui, então, o papel do adulto não é o de restringir ou limitar o movimento da criança. Criança é movimento! Nosso papel é garantir que o movimento seja realizado de maneira segura.

É possível que, principalmente no início, o ato de caminhar ocorra apenas nas pontas dos pés, e, assim como acontece no desenvolvimento de qualquer comportamento, este pode ser somente um momento transitório de acomodação da marcha com o qual não devemos nos preocupar – continuaremos a estimular a caminhada, até que o pé fique totalmente apoiado no chão. Vale lembrar que estimular é diferente de brigar ou punir a criança quando ela se apoiar apenas nas pontas dos pés. Todavia, se após os 2 anos e meio seu filho ainda não tiver adquirido a habilidade de marcha, ou caminha e corre apenas nas pontas dos pés, é preciso buscar uma avaliação e orientação adequada.

Considerar que a criança de 0 a 3 anos é puro movimento nos ajuda a lidar melhor com ela, entendendo que não é preciso, nem efetivo, passar grandes sermões para a criança se comportar. É necessário, sim, utilizar a linguagem dela, que é o movimento, para fazê-la colaborar na organização dos brinquedos, por exemplo, demonstrando a ela o que fazer, ou tornando o momento de guardá-los uma grande diversão, como fazer isso arremessando-os dentro da caixa.

Vou falar um pouco mais das práticas educativas adequadas à idade mais ao fim do livro; por agora, só queria também destacar aqui que, entre os 2 anos e meio e 3 anos, a criança já pode, e deve, colaborar com algumas atividades na organização familiar, como:

* guardar brinquedos;
* colocar roupas sujas no cesto;
* guardar sapatos e outros objetos que não machuquem e estejam ao alcance dela;
* jogar fraldas no lixo;
* ....

    (coloque aqui o que você acredita que sua criança é capaz de realizar ou que você a ensinará a fazer)

E por falar em fraldas, geralmente aos 2 ou 3 anos é realizado o desfralde da criança. Como este é um assunto e uma conquista extremamente importante, merece um capítulo de destaque no nosso material (ver página 64).

Quanta coisa, não é mesmo!? Pois é, como eu disse, o período descrito, embora de intenso aprendizado e desenvolvimento, moldará muitos dos comportamentos e reações do seu filho no futuro. Então escreva no espaço a seguir qual foi (ou houve mais de um?) seu maior aprendizado sobre essa etapa de desenvolvimento e como esse conhecimento será útil no seu dia a dia com a sua criança.

CAPÍTULO 4

Cama ou quarto compartilhado?

Esta é uma pergunta que muitas famílias me fazem: a cama compartilhada atrapalha ou auxilia no desenvolvimento infantil? E é claro que, como tudo o que se refere ao comportamento e à educação das crianças, precisamos lembrar que essas decisões passam primeiro pelos seus valores e crenças como pai ou mãe.

É claro que meu objetivo com este livro é trazer informações de qualidade, embasadas cientificamente, para que cada família possa tomar decisões de modo consciente e coerente com seus valores. E é dos seus valores e crenças que vamos falar agora. Para isso, escreva a seguir se você se considera favorável ou não à cama compartilhada, e por quais motivos.

Porque sim (com ressalvas)

Com frequência, escuto dos pais que um dos motivos favoráveis para o uso da cama compartilhada é a facilidade quanto à amamentação noturna da criança. Porém, tenho certeza de que você vai concordar comigo, educar filhos é o oposto de facilidade. E mais ainda: precisamos lembrar que essa facilidade momentânea se torna extremamente complexa num momento posterior, quando for desmamar a criança ou ensiná-la a dormir no próprio quarto sozinha.

Isso acontece porque a proximidade física leva a criança a sentir o cheiro do leite materno e demandar a amamentação várias vezes por noite, criando o hábito de se alimentar diversas vezes em pequenas quantidades. Além disso, para mamar durante a noite o bebê precisa, pelo menos, estar semidesperto, o que pode prejudicar o próprio sono e o da mãe.

Outro motivo favorável que costumam relatar, e que talvez você tenha listado, diz respeito ao fortalecimento do vínculo entre a criança e os pais. Porém, acredito que o vínculo entre a mãe (ou os pais) e o bebê pode e deve ser estabelecido de outras formas, sobretudo quando a criança estiver acordada e consciente do que está acontecendo e das relações que está construindo.

Porque não (opinião profissional)

Nesse sentido, minha opinião profissional (veja, é a *minha* opinião e indicação, a qual você vai considerar se, e como, fizer sentido para você!) é realmente contrária à cama e ao quarto compartilhado, e meus motivos são listados a seguir.

1. **Integridade física da criança** – a Sociedade Brasileira de Pediatria (SBP) também não recomenda a cama compartilhada, pois a prática aumenta o risco de morte súbita do lactente, bem como de morte acidental por sufocamento não intencional, asfixia, estrangulamento e/ou queda.
2. **Aspectos emocionais e comportamentais** – sobretudo no que se refere à independência, à autonomia e ao apego da criança. É importante ter em mente que um bebê que sempre dormiu com os pais não vai se tornar, de uma hora para outra, uma criança que consegue dormir sozinha no próprio quarto. E por que eu digo que é necessário ter consciência disso? Frequentemente recebo famílias queixando-se de que os filhos de 9 ou 10 anos não conseguem dormir no próprio quarto. A questão é que é necessário termos consciência do quanto nós mesmos, como pais e mães, contribuímos para estabelecer um comportamento do qual depois nos queixamos. É claro que isso

não significa que as famílias que optarem pela cama compartilhada deverão fazer essa escolha até os 9, 10 ou 11 anos do filho. E sim que, se você quer que seu filho aprenda outro comportamento, deve ensiná-lo gradativamente a ir em busca dessa autonomia. Uma autonomia, aliás, importante não só para seu filho conseguir dormir sozinho, mas também para outras áreas da vida dele, como a escola, que exige atitudes mais complexas de maneira independente, sem o apoio ou a validação dos pais.

Apesar de eu poder enumerar esses motivos contrários à cama compartilhada, uma justificativa que não acho aceitável é a de que prejudicaria a intimidade do casal. Acredito que essa intimidade deve ser cultivada para muito além de simplesmente dormir juntos ou da relação sexual. Não é sadio, nem para o casal nem para a criança, que nela seja depositada toda a expectativa de sucesso ou de fracasso da relação.

Entendo que a escolha pela cama compartilhada deve ser realizada pela família a partir dos elementos já citados, além do risco de queda, sono fragmentado e superaquecimento do bebê, e, principalmente, dos valores familiares, e não se tomando como base para permitir, ou mesmo impedir (sim, infelizmente eu já vi isso acontecer!) a relação do casal. Você concorda comigo?

O que não se deve, em hipótese nenhuma, mesmo que a criança seja pequena e esteja dormindo, é ter relações sexuais no mesmo cômodo em que ela estiver. Além de ser crime previsto pelo Código Penal Brasileiro, nem é preciso dizer a quantidade de traumas que essa situação pode vir a causar para o seu filho no futuro.

CAPÍTULO 5

Chupeta: usar ou não usar?

Antes de falarmos desse tema tão, digamos, polêmico, vale uma ressalva: sou psicóloga, e não fonoaudióloga, dentista ou pediatra, ou seja, não pretendo trazer aqui as questões ortodônticas ou de confusão de bicos e aleitamento materno, pois não se trata da minha área de estudo. Ainda que eu observe esses fatores nas crianças e famílias que atendo, e esteja atenta a eles, o que quero aqui é alertar você, pai ou mãe, a respeito das questões de desenvolvimento em termos comportamentais, sociais, emocionais e intelectuais relacionados ao uso de chupeta.

O uso da chupeta deve ser uma opção consciente de cada família, levando em conta os prós e contras que vou te apresentar. Mas, antes, me conta aqui: você optou pelo uso da chupeta? Por quais motivos?

Cada um de nós tem os próprios motivos e história, e não me cabe fazer julgamentos, apenas alguns alertas que começam, inclusive, pela própria história da chupeta.

Como tudo começou

Em inglês, a chupeta é chamada de *pacifier*, que tem como significado original pacificar, acalmar.[5] Temos registros, que remontam há mais de três mil anos, de objetos de argila nos quais se passava mel ou algum tipo de açúcar e eram colocados na boca da criança para a acalmar.[6]

Mas por que acalmar a criança com a chupeta se temos outras formas de fazer isso, como com abraço e carinho? Será que a chupeta é realmente algo de que a criança necessita ou ela

---

5 PACIFIER. *In*: VOCABULARY.COM. Disponível em: https://www.vocabulary.com/dictionary/pacifier#. Acesso em: 27 ago. 2024.

6 SOUSA, J. N.; PEIXOTO, R.; FERREIRA, M. I. Efeitos do uso de chupeta no sucesso e duração da amamentação. *Gazeta Médica*, 4(11):2024, 307-313.

apenas facilita a vida do cuidador, liberando-o para outras atividades? Escreva a seguir a sua opinião.

....

....

....

Para além de pensar na facilidade para os adultos, vamos olhar os reflexos da chupeta na vida da criança?

* **Reflexo cognitivo:** a criança entre 0 e 3 anos está vivenciando o que a gente chama de fase oral. Você já deve ter percebido que nessa idade seu filho coloca tudo na boca. Isso acontece porque essa é a forma a partir da qual ele consegue explorar, aprender e conhecer o mundo nessa fase. As crianças que usam chupeta ficam mais calmas e menos dispostas a explorar o mundo, o que foi constatado em estudos realizados pela SBP. Crianças que usavam chupeta se saíram 16% pior em testes cognitivos em comparação àquelas que não usavam chupeta.[7] Além disso, precisamos lembrar que as crianças se comunicam e socializam menos com a chupeta na boca, sendo comum

---

7 VENERANDO, D. Uso prolongado de chupeta pode até estimular vícios na fase adulta. *Viva Bem*, 9 jun. 2019. Disponível em: https://www.uol.com.br/vivabem/noticias/redacao/2019/06/09/uso-prolongado-de-chupeta-pode-ate-estimular-vicios-na-fase-adulta.htm. Acesso em: 27 ago. 2024.

atrasos e dificuldades de fala relacionados ao uso prolongado do objeto.

* **Reflexo emocional:** além de acalmar a criança, a chupeta cala suas emoções e não permite que ela se expresse através do choro, que é a primeira forma de comunicação.
* **Reflexo comportamental:** ao não permitir que a criança expresse os seus sentimentos, anestesiando-os com objetos externos, sobretudo os relacionados com a estimulação da boca, como comidas, bebidas e cigarros, podemos acabar aumentando a propensão dela ao uso de drogas na adolescência ou na vida adulta. Estudos da SBP mostraram a correlação entre o uso de chupeta por mais de 24 meses e de cigarros na adolescência.[8]

Usar *versus* não usar chupetas

Profissionalmente, não sou a favor do uso de chupetas, em razão dos motivos enumerados. Do ponto de vista pessoal, não utilizei a chupeta com meu filho e busquei acalmá-lo de outras maneiras: com colo, presença, aconchego, conexão.

De toda forma, a escolha é sua. Embora seja importante ter a noção clara de que o uso deve se dar de modo consciente. Ao deixar a criança acostumada ao objeto, depois terá de passar

---

8 SOCIEDADE BRASILEIRA DE PEDIATRIA. Uso de chupeta em crianças amamentadas: prós e contras. *Departamento Científico de Aleitamento Materno*, n. 3, ago. 2017. Disponível em: https://www.sbp.com.br/fileadmin/user_upload/Aleitamento-_Chupeta_em_Criancas_Amamentadas.pdf. Acesso em: 27 ago. 2024.

por todo um processo para retirá-lo de maneira gradual e sem sofrimento para ela e para a família. E é dessa retirada de que falarei agora.

Mas, antes, me conta aqui o que você já tentou para retirar a chupeta do seu filho e quais as dificuldades que enfrentou ou está enfrentando?

....

....

....

....

....

Imagino que você deva ter listado que já tentou conversar, explicar que o dente vai ficar torto, prometeu presentes, negociou com o Papai Noel, entre tantas outras estratégias que a nossa sociedade nos ensina a utilizar, e que, na verdade, pouco ou nenhum efeito têm na resolução da situação. Causam apenas traumas emocionais associados ao medo e à chantagem aos pequenos.

Você deve estar se perguntando: como agir, então? Vou trazer para você esse passo a passo no nosso próximo capítulo, no qual vou abordar, com a retirada da chupeta, a retirada do seio ou da mamadeira, que são processos muito semelhantes. Bora lá?

CAPÍTULO 6

Como realizar o desmame e a retirada da chupeta de maneira gentil e respeitosa?

A primeira coisa que quero deixar clara aqui é que não estou estimulando o desmame precoce nem questionando os inegáveis efeitos do aleitamento materno para a vida da criança ou as recomendações da Organização Mundial da Saúde (OMS) para o aleitamento materno até os 2 anos. Eu concordo com isso, inclusive. Apenas trago informações e ferramentas para que faça as escolhas mais conscientes para você e sua família, tanto no que se refere ao desmame quanto à retirada da chupeta.

De posse de todas as informações, você vai decidir o melhor momento de tomar essas atitudes. É importante destacar que as retiradas devem ser feitas em momentos tranquilos da vida da criança, em que não estejam acontecendo mudanças como a entrada na escola ou o nascimento do irmãozinho.

Para que o desmame seja realizado de maneira leve e gentil, tanto para você quanto para a criança, a introdução alimentar do seu filho precisa estar bem estabelecida. Se for esse o caso, uma parte do desmame já vai acontecer naturalmente, conforme ela se sacia com outros alimentos. Além disso, o processo será bem menos sofrido ou traumático, para você e para a criança, se ela estiver bem nutrida.

Um passo a passo possível

Destacados os pontos do tópico anterior, tanto a retirada da chupeta quanto a do seio ou da mamadeira devem acontecer de acordo com as etapas a seguir.

1. **Explique à criança o que vai acontecer caso a retirada não aconteça e seus reais motivos.** A chupeta ou a mamadeira serão retiradas porque os dentinhos estão nascendo, mas não diga à criança que ela vai ficar sem a chupeta ou desmamar porque ela já é grande ou que já está uma mocinha. Lembre-se de que você está lidando com uma criança pequena e que não quer que ela associe o *crescer* a perdas. Assim você evita que ela vá criando traumas relacionados a isso. Concorda?
    Também não devemos nunca chantagear a criança nem prometer presentes. Ela deve aprender comportamentos importantes justamente porque eles são importantes para a vida e o desenvolvimento dela, não porque: "Senão você

vai apanhar" ou "Vai ganhar aquele presente que você queria". Faz sentido para você?

Imagino que eu nem precise destacar isto para você, pois, se você é um pai ou uma mãe que busca informações para educar seu filho sempre da melhor forma possível, tenho certeza de que não comete esse tipo de erro, mas apenas relembrando: *nunca minta para o seu filho* durante o processo de retirada. Não diga que o mamá estragou. Muito mais do que a retirada da chupeta ou da mamadeira em si, tenho certeza de que o que você quer é construir uma relação com seu filho, baseada em respeito e confiança, não é mesmo? Feitos esses alertas, vamos seguir.

2. **Pare de oferecer o seio, a mamadeira ou a chupeta.** Se a criança procurar, converse com ela e relembre do combinado, que pode ser "a chupeta/mamadeira/seio só estará disponível para dormir à noite", ou qualquer outro que fizer sentido para você e sua família. Lembre-se de que o processo é individual e gradativo, como vou te explicar no próximo tópico.

3. **O combinado deve ser gradativo.** Comece pela retirada das mamadas ou da chupeta nos momentos mais fáceis (em que a criança está mais desperta e colaborativa) e migre aos poucos para os mais difíceis.

4. **Faça um ritual de despedida.** Se fizer sentido para você e para a sua família, faça uma cerimônia para se despedir da chupeta, do "mamá" ou do "tetê", ou como chamem por aí.

5. **Busque outras formas e momentos para acalmar e estabelecer o vínculo.** Pense em modos de acalmar e criar laços com seu filho para além da chupeta, seio ou mamadeira. Vale contar uma história, cantar uma música, fazer carinho, ou algo que faça sentido para você e sua família. Use o espaço a seguir para anotar o que lhe vier à cabeça.

_____

_____

6. **Sempre acolha os sentimentos do seu filho.** Destaque que ele é capaz, ainda que sem minimizar as dificuldades. "Mas, Dani, não entendi o que seria não minimizar as dificuldades." Calma que eu te explico. Muitas vezes, até na tentativa de estimular a criança, dizemos a ela que ficar sem a chupeta, mamadeira ou seio "não é nada de mais". E talvez não seja mesmo, enxergando a situação a partir dos nossos olhos de adulto. Mas, para a criança, perder aquele objeto tão importante e amado pode ser extremamente sofrido. Então diga ao seu filho que você entende que está difícil para ele. E é aí que entra o próximo passo.

7. **Encoraje e elogie o seu filho, comemore suas conquistas.** Muitas vezes, o processo não é fácil para nenhum dos envolvidos, porém, com consciência e respeito, e seguindo esses passos, tenho certeza de que dará certo para a sua família.

Antes de terminar este capítulo, preciso abordar algo importante sobre o aleitamento materno. Desde pequena, a criança deve aprender a respeitar o limite do corpo do outro. E é importante que a mãe imponha esse limite quanto ao próprio corpo. Do contrário, ela pode passar ao filho a mensagem de que não tem problema que outra pessoa o toque mesmo quando ele não quer. O processo do desmame do seio deve ser conduzido com muito cuidado, consciência e respeito.

Algo semelhante ocorre também em relação ao desfralde, que, quando mal executado, além de causar traumas na criança, acaba por ensinar a ela que seu corpinho e suas vontades (de xixi e cocô) devem estar sujeitas àquilo que lhe manda o adulto. E é esse o tema que vou abordar no próximo capítulo.

CAPÍTULO 7

Desfralde: quais são os sinais e como realizar?

Geralmente recebo na clínica muitas famílias solicitando orientação e tendo dificuldades com o desfralde. Crianças com medo do vaso sanitário, que com 5 ou 6 anos ainda não desfraldaram completamente, que apresentam muitos escapes de xixi ou de cocô, ou, até constipação ou infecções urinárias de repetição por conta de um processo de desfralde mal realizado.

O caso que mais me chamou a atenção ao longo desses mais de vinte anos de experiência foi, na verdade, o de um menino de 8 anos que precisou ser internado para fazer lavagem estomacal, e que já estava, inclusive, com um quadro febril e infeccioso porque estava havia vinte e oito dias sem fazer cocô.

O que me dói e angustia é que não precisa ser assim. O desfralde do seu filho pode ser extremamente simples, fácil e prático, se realizado no momento e da maneira correta. E, para isso, a primeira coisa que você precisa saber é que não se trata de um único desfralde, e sim de quatro processos distintos que podem ocorrer em conjunto, ou separadamente.

As etapas do desfralde

Geralmente, a primeira fase desse processo é o *desfralde do cocô noturno*, o qual se dá de modo natural à medida que a criança começa a ingerir alimentos sólidos. Isso faz com que ela precise estar desperta e realizar certo esforço para conseguir evacuar. Em seguida, temos o *desfralde do xixi diurno*, que pode acontecer em conjunto com o *desfralde do xixi noturno* e/ou com o *desfralde do cocô diurno*.

É importante destacar que essas quatro etapas devem ser realizadas de maneira gradual e respeitando o ritmo de cada criança. "Mas, Dani, como saber se o meu filho está pronto para o desfralde?"

Se você procurar na literatura ou na internet, vai encontrar muito material que fala dos sinais físicos do desfralde, ou seja, os sinais de que os músculos das pernas (e, consequentemente, dos esfíncteres do xixi e do cocô) estão firmes e prontos para contrair e relaxar voluntariamente quando necessário.

É claro que saber disso é importante, mas, além dos sinais físicos, percebi, ao longo da minha experiência como psicóloga infantil, que a criança precisa estar cognitivamente preparada para o processo. Ela deve entender e diferenciar xixi e cocô, além de estar emocionalmente preparada e colaborativa, pois, do contrário, insistir na situação só vai provocar traumas na criança e gerar estresse para toda a família.

Para que consiga identificar se o seu filho está pronto para o desfralde, vou deixar aqui um checklist para você assinalar os sinais que seu filho apresenta.

Checklist: sinais do desfralde

Tente identificar se seu filho apresentou estes sinais nas duas últimas semanas e marque tudo o que você observou.

Lista 1 – sinais físicos do desfralde:
- ☐ pula com os dois pés;
- ☐ anda com facilidade e até corre;
- ☐ sobe escada alternando os dois pés;
- ☐ mantém a fralda seca por um período de cerca de duas horas;
- ☐ imita os gestos e comportamentos de outras pessoas;
- ☐ abaixa e levanta as calças sozinho.

Lista 2 – sinais cognitivos do desfralde:
- ☐ sabe diferenciar e nomear o xixi e o cocô;
- ☐ entende e executa ordens simples;
- ☐ faz pedidos simples e com intenção, como pedir água;
- ☐ percebe que vai fazer cocô e interrompe alguma atividade e/ou vai para um cantinho isolado;
- ☐ demonstra interesse pelo xixi e pelo cocô das outras pessoas e/ou pelo vaso sanitário.

Lista 3 – sinais emocionais do desfralde:
- ☐ demonstra incômodo com a fralda e tenta retirá-la;
- ☐ sente incômodo também ao ficar sujo de xixi ou de cocô;
- ☐ consegue ficar sentado e concentrado por cerca de dois ou três minutos;
- ☐ busca autonomia e independência;
- ☐ é colaborativo e gosta de ajudar e/ou fazer o que esperam dele.

"Mas, Dani, é necessário que o meu filho apresente todos esses sinais para iniciar o desfralde?" Não, ele não precisa necessariamente apresentar todos os sinais, mas pelo menos de dois a três dos sinais de cada um dos grupos. E lembre-se: quanto mais sinais seu filho apresentar, mais tranquilo será o desfralde.

Agora, depois de identificar se sua criança está pronta para o desfralde, é hora de passar para as próximas etapas do processo.

Observe os hábitos e a rotina da criança

Esteja atento a quando e quanto ela faz de xixi e de cocô, se a fralda amanhece seca, se o cocô é mais duro e difícil de evacuar, ou mais mole e difícil de segurar. De posse desses dados, ajuste a ingestão de líquidos, fibras e alimentos em geral do seu filho, prestando atenção em alimentos que soltam ou prendem muito o intestino.

Hora de colocar tudo em prática

Preciso, agora, lembrar a você que o primeiro ponto essencial é escolher um momento tranquilo da vida da criança e da família, em que não estejam lidando com outras demandas nem passando por mudanças de casa, cidade, rotina etc. Assim será possível focar e se dedicar para que o desfralde ocorra da maneira mais tranquila possível.

Após identificar o momento mais adequado para a sua família, comece a preparar o ambiente. Retire da casa tapetes ou móveis que não possam ser molhados e adquira os equipamentos necessários, como penico e assento. Não existe um equipamento mais recomendado que outro, e sim aquele que melhor se adapta à criança e à sua família. Contudo, dois cuidados devem ser tomados:

* Se for usar o assento no vaso sanitário, certifique-se de que a criança fique com as pernas apoiadas, seja num banco ou numa escada, para assim conseguir fazer força para evacuar;
* Se optar pelo penico ou mictório, escolha o modelo mais simples possível, porque a ideia aqui é não oferecer nenhum tipo de distração à criança quando ela for fazer xixi ou cocô.

Uma vez que a criança e o ambiente estão preparados, e que você já identificou em quais horários o seu filho habitualmente faz xixi ou cocô, estimule-o a ir ao banheiro e permanecer sentado por alguns minutos por volta do horário. É nesse momento que os livrinhos, desenhos e músicas sobre desfralde vão te ajudar a fazer a criança permanecer sentada no penico ou no vaso.

E mais um detalhe importante. Quando eu digo *sentado*, é sentado mesmo! Estimule também o menino a aprender a fazer xixi sentado, pois isso o ajudará a ficar menos confuso em relação à posição do xixi e do cocô, certamente facilitando o processo.

Claro, é sempre bom lembrar: escapes vão acontecer, e está tudo bem. É um momento de aprendizado da criança em que são necessárias muita paciência e persistência. O que você não deve fazer é punir ou brigar com a criança, ela ainda está aprendendo. Você também não deve recompensá-la nem chantageá-la pela conquista.

CAPÍTULO 8

Brincadeiras indicadas para a idade

Você, pai ou mãe, já parou para pensar no quanto o brincar é importante para sua criança de 0 a 3 anos? Escreva no espaço a seguir a sua opinião sobre o assunto, destacando o quanto você acha que isso contribui para o desenvolvimento dela.

....
....
....
....
....

Eu sempre digo, e na verdade estou parafraseando Jean Piaget, um estudioso do desenvolvimento cognitivo, que "brincar é o trabalho da criança!". E é exatamente isto: brincando, a criança conhece o mundo à sua volta e, ainda, desenvolve muitas habilidades, como:

1. **Habilidades cognitivas:** planejamento, organização, sequência (ao brincar de casinha, escolinha etc.), aprendizado de números, cores, letras, desenvolvimento da memória...
2. **Habilidades físicas:** coordenação motora, equilíbrio, conexões neurais, e até a saúde física ao sair do sedentarismo, movimentar-se, pular e correr.
3. **Habilidades socioemocionais:** esperar a vez, lidar com as frustrações de perder, imitar profissões e ações dos adultos, exercer a empatia. Ao brincar e fantasiar, a criança também adquire a habilidade de resolver os conflitos e aprende a ter responsabilidade, como conservar e guardar os brinquedos.

"Mas, Dani, quais são os brinquedos mais adequados para a idade, para que a gente possa estimular tudo isso?"

Vou deixar aqui uma lista de sugestões, mas não se esqueça de que existem diferenças individuais em termos de preferência e de desenvolvimento de cada criança e sua família. Não se prenda a estas sugestões, concentre-se em criar bons momentos e vínculo com seu filho por meio das brincadeiras, combinado? Dito isso, vamos às sugestões!

* **0 a 5 meses:** lembra que, nessa idade, a criança está descobrindo o corpinho e que os movimentos são não

intencionais, e só depois vão se coordenando? Então, ofereça brinquedos que contribuem com essa descoberta, como: chocalhos, mordedores, móbiles de berço, brinquedos com texturas, bolas e tudo o que estimule os sentidos que estão se desenvolvendo.

* **6 meses a 3 anos:** é nessa fase que começam as brincadeiras de repetição. Então é legal oferecer jogos de montar e desmontar, encaixar e desencaixar. E é também nesse período que a criança começa a perceber os efeitos das ações dela no mundo; assim, ofereça brinquedos de apertar, puxar, martelar, que façam barulhos quando manipulados.

Mais algumas dicas importantes:

* **Estimule a criança a organizar seus brinquedos desde cedo.** Para isso, facilite o processo com caixas organizadoras. É muito mais fácil a criança pequena aprender a colocar todos os brinquedos em uma caixa do que cada um em sua caixa em uma estante que ela não alcança. Concorda comigo?
* **Faça rodízio de brinquedos.** Principalmente no caso de crianças pequenas, pois muitas opções as deixam confusas e muito agitadas e estressadas. Organize os brinquedos em caixas que contenham poucas opções, bem como um brinquedo com cada função (exemplos: uma boneca, um carrinho, uma bola, um brinquedo de montar). Semanal ou quinzenalmente, troque a caixa. Com isso, você terá menos bagunça, menos estresse e agitação, e sempre possibilidades novas para estimular o seu filho.

Brincando, a criança conhece o mundo à sua volta e, ainda, desenvolve muitas habilidades.

* **Quanto mais simples os brinquedos, mais estimulantes eles serão para a criatividade e para o pensamento do seu filho.** Assim, ofereça a ele objetos do cotidiano que sejam seguros, como potes de plástico, ou até sucatas para que possa criar novas brincadeiras.

CAPÍTULO 9

Os incríveis 2 anos! Como lidar?

Em geral, você, pai ou mãe, vai ouvir e ler muito sobre essa fase como "a adolescência do bebê" ou "os terríveis 2 anos". Você já ouviu esses termos? Me conta aqui o que já leu ou ouviu sobre o assunto.

....
....
....
....

Particularmente, eu gosto de chamar essa fase de "os incríveis 2 anos", porque, na verdade, corresponde a um momento de intenso desenvolvimento e de muitas conquistas. O bebê começa a se entender como um ser separado da mãe e do mundo à sua volta, iniciando, com isso, o desenvolvimento da autonomia e da identificação, e, muitas vezes, a imposição das próprias vontades.

Não estou dizendo que seja uma fase fácil de lidar, pois com essas conquistas surgem também grandes desafios. No entanto, existem formas de conduzir esse momento de maneira mais tranquila, sem limitar nem bloquear o desenvolvimento do seu filho. Para isso, é fundamental que você se atente aos pontos apresentados a seguir.

Cuide do modelo

Na fase dos 2 anos, dizemos muito "não" para a criança. Eu te desafio a contar e escrever aqui todos os "nãos" que você disse para o seu filho hoje. Conte nos dedos e coloque no espaço a seguir: _____. Com essa informação em mãos, dá para perceber que é relativamente normal que seu filho aprenda a dizer *não* para você em muitos momentos. "Mas, Dani, isso significa que devo deixar meu filho fazer o que quiser, evitando dizer não a ele?" De maneira nenhuma você deve (até pela segurança e integridade física do seu filho) deixar que ele faça o que quiser. Mas você pode – e deve – mudar sua forma de agir, redirecionando a criança para aquilo que ela pode fazer, em vez de dizer o que ela não pode. Vou te dar um exemplo, pois é mais simples do que parece. Em vez de dizer para o seu filho não pular no sofá ou não riscar a parede, diga a ele: "Vem pular aqui no chão com a mamãe!" ou "Olha o papel que o papai comprou para você desenhar!". Viu só? Agora é a sua vez: escreva a seguir as ordens que você dá ao seu filho utilizando a palavra *não*, e, depois, reescreva-as, direcionando a criança para aquilo que ela pode fazer.

....

....

....

....

....

Traga previsibilidade e rotina

Isso faz a criança seguir melhor as regras, pois ela sabe aquilo que precisa fazer. Além disso, manter a rotina evita que ela fique muito irritada, com muito sono ou fome, e, assim, menos disposta a colaborar.

Dê explicações

Quando não for possível seguir a rotina preestabelecida, explique à criança o que vai acontecer e como ela deve se comportar. Isso facilita a colaboração dela, além de ser modelo para a aquisição da linguagem que está em pleno desenvolvimento nessa fase.

Adapte-se

Como o verbal da criança ainda está em desenvolvimento, não se esqueça de que a linguagem dela nessa fase é o movimento. Demonstre com ações o que ela deve fazer, pegue em sua mão para conduzir para alguma atividade, ou brinque de ir correndo ou pulando até o banheiro para tomar banho, por exemplo.

Peça permissão

Sempre que for ajudar a criança em algo nessa fase, como comer, se vestir, colocar suco no copo, lembre-se de pedir a permissão dela. "Como assim, Dani?" Você se recorda de que a criança está desenvolvendo autonomia nesse período? Então, ela ficará muito frustrada se você a impedir disso. Eu sei que para nós, adultos, colocar um calçado ou água no copo parece algo muito pequeno, mas, para a criança de 0 a 3 anos, é uma grande conquista. Por isso, mesmo que precisar auxiliá-la no processo, explique e peça permissão. Tenho certeza de que isso evitará muito estresse e crises de birra por aí.

Paciência, paciência e paciência!

Lembre-se de que "não é com você, é para você!". A criança não está te testando, mas experimentando o mundo à sua volta, o que, muitas vezes, significa lidar com imprevistos e frustrações aos quais, por ainda não ter maturidade cognitiva e emocional para expressar, a criança reage chorando e gritando. Como eu disse, ela não faz isso para te desafiar ou ofender, é apenas a forma de ela te dizer que não está bem, que está chateada, frustrada ou brava, e precisa da sua ajuda para lidar com a situação. Faz sentido para você?

Antes de terminar aqui, um último alerta: é claro que essas estratégias vão auxiliar nos momentos de explosões emocionais, mas, numa perspectiva realista, não adianta achar que as coisas não sairão do controle. E, então, o que fazer nos momentos de crise?

Não é hora de sermão, nem de gritos nem de palmadas. Assim você só estará lidando com o descontrole emocional da criança a partir do seu próprio descontrole emocional. Neste momento, é preciso manter a calma. É hora de acolher, de abraçar, de acalmar a criança e, depois, quando tanto você quanto ela estiverem mais calmos, é preciso retomar o que aconteceu, explicando como ela poderá se comportar quando houver uma situação semelhante no futuro.

É claro que os desafios dessa fase não acabam por aqui, temos mais um importante pela frente, que diz respeito a algo frequente nessa idade: a agressividade. Vamos ver como agir quando isso ocorrer?

CAPÍTULO 10

Morder ou ser mordido? Como agir com a criança que agride ou é agredida

As agressões e mordidas são comportamentos frequentes dessa idade. Você se lembra de que a criança ainda está aprendendo a linguagem e que não sabe muito bem colocar seus desejos e vontades de maneira mais clara no mundo? Então, o que acontece é que ela expressa com o corpo aquilo que não consegue dizer em palavras.

Além disso, nessa fase a criança é egocêntrica, você se lembra? Não é por manipulação nem por maldade, ela simplesmente ainda não consegue pensar nem se colocar no lugar do outro, e busca que suas vontades e desejos sejam prontamente atendidos.

E além disso tudo, outro fator que predispõe às mordidas nessa idade é o fato de a criança estar na fase oral, momento em que conhece o mundo colocando tudo na boca, sem contar o nascimento dos dentes.

Então, espera-se que, nessa idade, a criança morda ou seja mordida. Mas cuidado aqui. Dizer que as mordidas podem acontecer não significa que não seja papel do adulto cuidar e preservar as crianças nesse tipo de situação. E como fazer isso?

* **Cuide do modelo.** Essa é a primeira coisa que a gente deve pensar quando quer ensinar algo às crianças. Evite expor o seu filho a estímulos agressivos no dia a dia, seja na televisão, seja em jogos e brincadeiras, ou até a pessoas que tenham esse tipo de conduta.
* **Tenha regras claras e consistentes.** Mostre à criança que bater ou morder não são comportamentos aceitáveis, e estabeleça consequências caso ela não cumpra as recomendações. Não adianta colocar essa criança no "cantinho do pensamento", já que ela ainda não tem maturidade cognitiva para pensar no que fez (retomarei o assunto mais adiante, no capítulo sobre ferramentas educativas), mas é preciso estabelecer consequências, como a retirada do brinquedo que causou a disputa e/ou o tapa, a mordida.
* **Faça a mediação.** Antes de os problemas acontecerem, e no sentido de evitá-los, é sempre necessária a mediação do adulto. Não espere que a criança já tenha maturidade para dividir e esperar. Ensine-a! Como assim, Dani? Sugira um tempo cronometrado para cada criança ficar com o brinquedo, faça rodízios e trocas de brinquedos, sugira guardar os brinquedos que estão sendo disputados... aqui valem diferentes alternativas, mas sempre é preciso lembrar que essas iniciativas devem partir dos adultos, ok?

* **Acolha.** O adulto precisa saber conduzir e mediar a situação com a criança que foi mordida. Ela deve ser acolhida e incentivada a expressar seus sentimentos. Deve-se mostrar que morder é errado e ajudá-la a se defender e a se impor. Mas nunca, nunca, em hipótese alguma, ensine-a a revidar!

Uma última observação: se as mordidas forem frequentes, a criança pode estar insatisfeita, ansiosa, com sentimento de rejeição ou tentando chamar atenção por meio da agressividade. Quando isso acontece, família e escola precisam acompanhar de perto, para descobrir as possíveis causas. Dependendo do caso, busque a ajuda de um profissional, um psicólogo.

> Na verdade, apesar de este livro ser um guia para te ajudar a lidar com as diferentes situações que você enfrenta ou pode vir a enfrentar com o seu filho, é muito importante lembrar que, sim, sempre que o cenário estiver muito difícil para você ou para sua família, é importante (e necessário!) buscar a ajuda de um psicólogo infantil.

Abra o seu coração!

Agora que concluímos a primeira parte do livro, abordando os problemas enfrentados com crianças de 0 a 3 anos, use o espaço a seguir para desabafar. Conte os desafios e as estratégias que usou para contornar o problema. Anote o que deu e o que não deu certo com o seu filho. Saiba que este é um lugar seguro.

PARTE 3

Segunda infância:
3 a 6 anos

CAPÍTULO
11

O que está acontecendo com seu filho?

Em termos de desenvolvimento físico, podemos dizer que a criança de 3 a 6 anos cresce e emagrece, começando agora a ter um formato de corpo mais parecido com o dos adultos. O sistema imunológico também se fortalece, deixando-a mais saudável e apta a ingressar na escola.

E por falar em escola e aprendizagem, é importante lembrar que até os 6 anos o cérebro já alcançou 95% do seu volume máximo.[9] E, por volta dos 3 ou 4 anos, também começam a se desenvolver mais rapidamente as áreas frontais do cérebro,

---

9 SPÍNDOLA, G. *Processo de desenvolvimento psicomotor infantil*. 2022. 16 f. TCC (Graduação) - Curso de Educação Física, Pontifícia Universidade Católica de Goiás, Goiânia, 2022. Disponível em: https://repositorio.pucgoias.edu.br/jspui/bitstream/123456789/4411/1/TCC%20gabriel%20versão%20RAG.pdf. Acesso em: 29 ago. 2024.

responsáveis pelo planejamento e pela organização das ações, bem como pelo autocontrole.[10]

Só por curiosidade, preciso te contar que essa área responsável pelo autocontrole estará completamente madura apenas aos 25 anos, o que explica por que crianças e adolescentes são impulsivos e imediatistas. Eu não estou dizendo que a gente não deve ensinar e estimular as crianças e os adolescentes nesse sentido, mas acredito que é preciso compreender que existem questões neurobiológicas implicadas na aquisição do autocontrole, que são, inclusive, mais deficitárias no caso de crianças e adolescentes com transtorno de déficit de atenção com hiperatividade (TDAH). Você sabia disso?

Curiosidades à parte, voltando ao desenvolvimento do cérebro das crianças de 3 a 6 anos, preciso destacar que o desenvolvimento cerebral se reflete também em mudanças no pensamento da criança.

Nessa idade, a criança já consegue contar, classificar e entender o conceito de número, embora ainda necessite de um material concreto para isso, como palitos de sorvete. Ela já adquiriu a noção de *permanência dos objetos* (lembra que na etapa anterior a criança simplesmente esquecia os objetos que não estavam à sua frente?) e consegue se lembrar dos objetos e até fantasiar, uma habilidade muito importante para o

---

10 O CÉREBRO só está completamente formado por volta dos 25 anos, explica pedagoga Maya Eigenmann. *G1*, 2 jun. 2022. Disponível em: https://g1.globo.com/podcast/escuta-que-o-filho-e-teu/noticia/2022/06/02/o-cerebro-so-esta-completamente-formado-por-volta-dos-25-anos-explica-pedagoga-maya-eigenmann.ghtml. Acesso em: 29 ago. 2024.

desenvolvimento infantil, que a faz atribuir vida aos objetos e estimula a sua criatividade.

Contudo, a criança de 3 a 6 anos ainda não adquiriu habilidades que chamamos de *reversibilidade de pensamento* e *conservação de quantidade*, e compreender isso evita muito estresse e conflitos. Na prática, isso significa que a criança não consegue entender que o mesmo suco que estava na garrafa foi "conservado em quantidade e qualidade", e agora está no copo. É por isso que ela segue insistindo para tomar o suco na garrafa, no seu copo, ou naquele copo preferido.

Não estou dizendo aqui que devemos fazer todas as vontades da criança, pois parte do nosso trabalho como pais é justamente – acredito eu – ensinar as regras para viver em sociedade. Penso, porém, que quando compreendemos que não se trata de uma simples birra, e sim de uma limitação do pensamento da criança nessa idade, conseguimos encontrar muito mais calma e paciência inclusive para ensinar a ela. Concorda comigo?

Outra limitação do pensamento da criança entre 3 e 6 anos é que ela só consegue se centrar em um aspecto da situação por vez. Você já deve ter percebido que o seu filho nessa idade assiste ao mesmo desenho diversas vezes. Mas o que você não deve saber é que ainda que para nós o enredo seja repetitivo, para a criança é sempre novidade. Cada vez que ela assiste ao mesmo desenho, ela se centra numa parte da história: ora no porquinho mais velho, ora no lobo mau, e assim por diante.

Essa limitação explica também por que a criança não é capaz de compreender e cumprir ordens mais complexas com dois pedidos, por exemplo: "Tira o tênis e guarda na sapateira".

Quando você dá para a criança dois comandos, muito provavelmente ela ficará perdida e não realizará nem um deles.

A estratégia para evitar conflitos e estresse consiste em dar uma ordem de cada vez: "Tire o tênis", e, só então, quando a criança executar a primeira ação, fazemos o segundo pedido: "Guarde na sapateira". Percebeu a diferença? Então escreva aqui outros exemplos para você usar no dia a dia com seu filho.

....

....

....

....

....

Como se centra em apenas um aspecto da situação, nessa fase a criança ainda é egocêntrica, ou seja, muito mais focada em si, no que quer e deseja, do que nas demais pessoas. E, novamente, isso não significa que ela seja egoísta, apenas que a partir dessa idade ela começa a perceber os outros, suas vontades e sentimentos, desenvolvendo a empatia. Nesse sentido, é nosso papel como pais valorizar a expressão de sentimentos da criança e ensiná-la a respeitar a si mesma e aos outros.

Entre 3 e 6 anos, a criança também começa a perceber ainda mais as relações de causa e efeito e testar o mundo à sua volta: o que acontecerá se ela colocar o dedo na tomada ou jogar no chão objetos de vidro? Sim, é importante lembrar que a criança não está testando você nem a sua paciência, e sim testando o mundo à sua volta.

Nosso papel como pais é entender essa necessidade e o prazer de descobrir a própria independência e os efeitos que as ações do seu filho têm no mundo, respeitando esse movimento saudável da criança e fortalecendo sua autonomia, mas sempre garantindo sua segurança.

O que eu quero dizer com isso é que podemos permitir, e devemos redirecionar, que a criança jogue bolas de plástico no chão para ver o que acontece, mas não que ela faça isso com objetos de vidro. Percebe a diferença? Escreva aqui como você vai redirecionar alguma ação concreta da sua criança, permitindo autonomia e experimentação em segurança:

_____

_____

_____

_____

_____

E por falar em movimento, podemos dizer que eles também se aprimoram entre os 3 e 6 anos, de modo que a criança já tem melhor coordenação motora para andar e correr, e também está desenvolvendo a coordenação motora fina para desenhar e recortar, por exemplo.

> Você já percebeu que seu filho de 3 ou 4 anos desenha ora com a mão direita, ora com a esquerda, e às vezes com as duas ao mesmo tempo?
>
> ☐ SIM ☐ NÃO
>
> Isso acontece porque, até os 4 ou 5 anos, as crianças ainda estão desenvolvendo a noção de mão dominante, então dizemos que são ambidestras, ou seja, que usam as duas com destreza.

Ainda nessa fase as crianças começam a fazer perguntas, a tão conhecida "fase dos porquês", tema do Capítulo 14.

Em relação à fala de maneira geral, vemos um amplo desenvolvimento, tanto na organização do pensamento e formação de frases quanto na aquisição dos sons de todas as letras. O último e mais difícil som que a criança adquire é o da letra R, porém, até os 4 ou 5 anos, ela precisa conseguir pronunciar até o som do R. Nesse momento, terá início o processo de alfabetização, de modo que os erros de fala podem se traduzir em erros ortográficos. Caso seu filho ainda apresente algum problema na fala, como gagueira ou troca de letras, é necessário buscar a ajuda de um profissional especializado.

Outro aspecto que se altera nesse período é a necessidade de sono. As crianças dormem um pouco menos do que na fase anterior, e, geralmente, passam a fazer uma única soneca durante o dia, entre 3 e 4 anos, até não demandarem mais a soneca durante o dia, lá pelos 5 ou 6 anos.

Importante destacar, porém, que essa alteração no padrão de sono pode levar a maior probabilidade de pesadelos, sonambulismo e terror noturno, tão comuns nessa idade e vamos abordá-los no Capítulo 18.

Por fim, é possível perceber que todo esse desenvolvimento físico, motor e intelectual faz os 3 ou 4 anos serem um bom momento para o ingresso da criança na escola. E esse é o assunto que vamos abordar no nosso próximo capítulo.

CAPÍTULO 12

Entrada na escola e início da alfabetização

Como destaquei no Capítulo 11, num cenário ideal, o ingresso da criança na escola se daria por volta dos 3 anos, momento no qual o sistema imunológico dela está mais maduro, ela está mais independente (muito provavelmente até sem fraldas) e com a linguagem, a coordenação motora e o desenvolvimento emocional e social mais preparados para o aprendizado. Ela já consegue também lidar melhor com a ausência/separação da mãe ou da figura de apego do que conseguia aos 2 anos.

Todavia, sei que nem todos nós, ou talvez nenhum de nós, vive em um mundo ideal, e que o mundo real traz demandas para a família e para a criança com as quais é preciso lidar em diferentes momentos. E, independentemente do momento em que se dará o ingresso na escola, é essencial ajudar a criança na fase de adaptação. A seguir, você encontrará algumas dicas que vão auxiliar a criança, e toda a família, nesse processo.

Antecipe, planeje e organize

Grande parte do estresse do início ou da volta às aulas se deve às demandas relacionadas à compra e organização do material escolar. A estratégia aqui é fazer tudo com calma e antecedência, inclusive contando com a colaboração da criança. Além disso, na semana anterior ao início das aulas, vá retomando a rotina e os horários de dormir e acordar. Fazer a criança chegar à escola bem-disposta e descansada é um primeiro passo muito importante para a adaptação escolar.

Converse sobre o que vai ocorrer

Explique o contexto e as mudanças que podem vir a acontecer. O ideal é levar o seu filho para conhecer a escola e prepará-lo para o cenário que vai encontrar: quantas crianças haverá na turma, local da sala de aula, rotina de atividades etc. Saber o que vai acontecer traz previsibilidade e segurança para que a criança lide com a situação. Mas se ainda assim você perceber que seu filho está inseguro, utilize o que chamo de objeto da segurança. Pode ser um paninho, um objeto que lembre sua casa, ou até uma foto da mãe, que possa ser utilizado ou lembrado quando a criança sentir saudades. É muito importante respeitar também as regras e a rotina da escola com relação a esses objetos, então vale, por exemplo, passar o perfume da mãe no pulso da criança ou desenhar algo em seu braço. Essas estratégias terão o mesmo efeito de segurança, sem atrapalhar a rotina escolar.

Nunca saia escondido e sempre cumpra sua palavra

A criança precisa de segurança emocional para se adaptar a esse novo contexto. Então, se você disse que a aguardaria dentro da escola, faça isso! Se você prometeu buscá-la mais cedo, cumpra sua palavra. Quando você sai escondido ou mente para a criança, além de atrapalhar sua relação de confiança e seu vínculo com ela, cria uma sensação de abandono que dificulta ainda mais a adaptação escolar.

Converse sobre os sentimentos da criança

Em vez de ter aquele tipo de diálogo baseado em fatos – "Você comeu o lanche? Brincou? Foi legal?" –, pergunte à criança como ela se sentiu na escola naquele dia, se teve medo ou ficou alegre com algo, por exemplo. Falar dos sentimentos da criança te dá pistas do que está ocorrendo e o modo como ela está se sentindo, além, é claro, de ser uma ótima ferramenta para ensinar expressividade emocional, uma habilidade importantíssima para toda a vida. Apenas um alerta aqui: se a criança disser que está triste, com medo, ou com qualquer outra emoção negativa, não invalide seu sentimento dizendo que ela não precisa se sentir assim. Muito pelo contrário, demonstre compreensão e empatia, dizendo que você a entende, mas que vão buscar juntos uma alternativa para a situação. Percebe a diferença?

Dedique um tempo para a criança após a escola e comemore os ganhos

A criança precisa perceber que ir para a escola não significa perder tempo com a família. Então dedique um tempo para interagir com a criança após a escola, e mostre a ela o quanto tem a ganhar (e não a perder) pelo fato de estar frequentando esse novo ambiente. Destaque e comemore o quanto aprendeu e como se divertiu.

Esteja em contato com a escola e/ou o grupo de pais

Muitas vezes, a criança pequena não sabe relatar de maneira adequada os fatos ocorridos na escola. Então, estar sempre em contato com a direção, a coordenação e/ou os professores pode fornecer informações mais detalhadas sobre a adaptação do seu filho. Além disso, interagir com outros pais, conhecer quem são os novos amigos do seu filho e, quem sabe, até estreitar esses laços para além do ambiente escolar pode facilitar bastante o processo.

Registre o momento e aproveite

O tempo passa rápido demais, e ter registros dos primeiros dias na escola trará muitas memórias afetivas importantes para você e para o seu filho no futuro!

Seguindo as dicas apresentadas, vocês terão uma adaptação escolar muito tranquila e muitos bons momentos para recordar.

Esses passos podem ser seguidos por pais de crianças de diferentes idades, mas o destaque que eu faço aqui para os pais de crianças de até 5 anos é que elas ainda não devem ser alfabetizadas propriamente, e sim expostas aos pré-requisitos necessários a esse processo. Devem pintar, desenhar, desenvolver esquema corporal, lateralidade, coordenação motora e construir as bases para uma alfabetização tranquila e bem alicerçada – sobretudo as escolas para crianças de 3 a 6 anos devem ter muito espaço e oportunidade para o brincar, mas isso é tema para o próximo capítulo.

CAPÍTULO 13

Brincadeiras indicadas para a idade

Brincar continua a ser muito importante para o desenvolvimento infantil, mas, assim como na fase anterior, os brinquedos devem contribuir para estimular o desenvolvimento da criança. Nessa fase de ingresso na escola, em que seu filho está começando a adquirir alguns conhecimentos, os brinquedos podem (e devem!) estimular o aprendizado de cores, números e formas, por exemplo.

Também é importante iniciar, aos 3 ou 4 anos, com alguns jogos de regras mais simples, como Pula-Pirata® ou Quebra-Gelo®. Esses jogos estimulam a criança, que está começando a desenvolver a empatia, a esperar e respeitar a vez do adversário, além de ensinarem a lidar com a frustração e a perda.

Esses jogos também são importantes para a criança aprender a perder. Quando, por exemplo, o pirata pula ou o urso cai do gelo, junto com a sensação de ter perdido, vem a diversão, o que torna o ato de perder muito mais divertido e tolerável.

Faz sentido para você? Então liste a seguir outros jogos e/ou atividades em que o "perder é divertido", para que você consiga consultar para utilizar com seu filho quando necessário:

....

....

....

....

Além dos jogos, é preciso lembrar que a criança de 3 a 6 anos está na fase da fantasia, então são muito recomendados os brinquedos que a estimulem a imitar os adultos, como brincar de casinha, escolinha e mercado, e também brinquedos de faz de conta, como fantasias de princesas e de heróis.

"Dani, mas por que a fantasia é tão importante para o desenvolvimento infantil?" Porque ela estimula:

* **Desenvolvimento cognitivo:** ao incentivar a criança a resolver problemas envolvendo situações do cotidiano (salvar a princesa, preparar uma comida...), criar enredos e histórias, bem como aprender a organizar e planejar. Isso acontece porque, nessas brincadeiras, a fantasia segue uma sequência lógica e planejada, como acordar, tomar café, ir para a escola, e assim sucessivamente.
* **Desenvolvimento social:** necessário para se colocar no lugar do outro na brincadeira, sendo ora a professora, ora o aluno, ora a mãe, ora o filho, aprendendo gradativamente a exercitar a empatia.

* **Desenvolvimento emocional:** ensina a compreender as situações e emoções que ela experiencia no dia a dia, aprendendo a lidar com elas. Assim, ao brincar de casinha, ela pode deixar seu filhinho comer todos os doces imaginários que ela gostaria de comer na vida real, ou, ainda, ao brincar de escolinha, pode gritar com as bonecas como a professora faz, o que inclusive nos dá pistas sobre o que a criança vivencia, percebe?

Está vendo como a fantasia contribui para o desenvolvimento do seu filho? Ainda, ela também o auxilia a obter a colaboração da sua criança. Use a fantasia a seu favor e veja como seu filho lhe obedece quando vocês brincam, por exemplo, de "derrotar todos os monstrinhos da cárie", ao escovar os dentes com muito capricho.

Também é importante lembrar que a fantasia se relaciona ao processo de criar e imaginar, então, quanto mais simples os brinquedos, mais estimulam a criatividade da criança. Então, continue oferecendo brinquedos de madeira, potes de plástico e outros objetos seguros do cotidiano, e até sucatas. Por fim, não se esqueça de que guardar e organizar seus brinquedos, algo que você começou a ensiná-la na fase anterior, continua sendo muito importante para ensinar responsabilidade, autonomia e organização.

CAPÍTULO
14

A fase dos porquês

Toda criança costuma passar por esta fase aproximadamente aos 3 anos. Lembra que ela está desenvolvendo a habilidade da linguagem? E que está num momento de muita curiosidade sobre si mesma e sobre como funciona o mundo ao seu redor? Então, como consequência desses dois movimentos, ela passa a usar a linguagem para conhecer o mundo, e assim temos um bombardeio diário de perguntas.

Só para ter uma ideia, uma pesquisa publicada pelo site britânico Littlewoods descobriu que as crianças preferem tirar suas dúvidas com as mães ou com os pais, e que elas fazem isso, em média, 300 vezes por dia.[11] Sim, isso mesmo, te desafio a contar, mas imagino que o número dos porquês diários em sua casa esteja próximo disso.

---

11 MOTHERS asked nearly 300 questions a day, study finds. *The Telegraph*, 28 mar. 2013. Disponível em: https://www.telegraph.co.uk/news/uknews/9959026/Mothers-asked-nearly-300-questions-a-day-study-finds.html. Acesso em: 30 ago. 2024.

Mas existem dois outros motivos (além das dúvidas) para as crianças nesta fase fazerem tantas perguntas.

- **Atenção dos adultos:** muitas vezes, elas perguntam algo que já sabem ou que já foi respondido simplesmente para prolongar a conversa e terem mais atenção dos adultos. Será que isso já aconteceu aí na sua casa? Se essa primeira situação ainda não aconteceu, tenho certeza de que a segunda, sim.
- **Desafio às regras:** muitas vezes, os porquês das crianças vêm carregados de argumentações em relação a algo que não querem realizar, como: "Por que eu tenho que tomar banho?", "Por que a gente tem que escovar os dentes?", entre outras tantas frases como essas que você ouve cotidianamente.

"Mas, Dani, como devo agir nesses momentos?" A primeira coisa é perceber se o questionamento da criança reflete realmente uma dúvida ou apenas um desafio às regras. Se for uma dúvida, recomendo que você:

- tenha paciência, mesmo que a criança não pare de perguntar;
- não deixe seu filho sem resposta, responda de acordo com o que ele está preparado para ouvir em cada idade. E se você não souber, diga que nem sempre terá todas as respostas, mas que vocês podem pesquisar juntos;
- respeite o interesse da criança e incentive-a a ter dúvidas. Esclareça que não é errado não saber, e que ela pode sempre perguntar de novo se não entender algo.

Agora, se perceber que aquilo que o seu filho está tentando é ter a sua atenção e/ou questionar as regras, vire o jogo e questione também! Quando ele lhe perguntar por que deve escovar os dentes, devolva a pergunta. Assim você evita se estressar respondendo algo que ele já sabe, ajuda seu filho a organizar o pensamento e fornece explicações lógicas para as situações e, ainda, garante a colaboração dele em algo que a princípio ele não queria realizar. Viu só quantas vantagens?

Pois é! Agora é importante também lembrar que, nesta fase, grande parte das perguntas das crianças se refere a questões relacionadas à sexualidade infantil, então como respondê-las e como lidar da melhor forma com esse assunto? É o que vamos ver no próximo capítulo.

CAPÍTULO 15

A descoberta da sexualidade e a masturbação infantil

A primeira coisa de que os pais devem estar cientes quanto a estimular uma sexualidade saudável nos filhos – sem fazem isso precocemente e, ao mesmo tempo, sem reprimir e causar traumas – é que educação sexual (e, sim, ela é parte da educação que temos que oferecer às crianças) é muito mais do que permitir ou não que a criança toque as próprias partes íntimas e dar informações a ela sobre funcionamento biológico ou reprodutivo, por exemplo. Educação sexual também não é sinônimo de sexualidade ou do ato sexual em si.

Educação sexual implica ensinar respeito ao próprio corpo, o que reflete em identidade, autoestima, afetos e relacionamentos das crianças para o resto da vida. Ou seja, educação sexual é parte do desenvolvimento emocional que deve ser ensinado desde bebê.

"Mas, Dani, você deve estar louca! Como vou ensinar sexualidade para um bebê?" A gente precisa lembrar que não ensinamos apenas por palavras, mas principalmente por ações. Então, desde muito pequeno, o seu filho deve experimentar toques afetivos e carinhosos e nunca qualquer tipo de contato físico (como palmadas e beliscões) que estejam voltados para agredir ou machucar.

Desse modo, você o ensina desde cedo que *amor* não se relaciona com *dor*, e previne que ele se submeta a qualquer tipo de relacionamento abusivo no futuro. Além disso, e desde muito pequena, você deve introduzir para a sua criança a noção de *consentimento*. Peça permissão ao tocar seu bebê ou pelo menos avise-o de que você vai tirar a roupa dele, vai limpar as partes íntimas etc.

Conforme ele for crescendo, continue a introduzir e ampliar a noção de consentimento, respeitando, inclusive, os *nãos* da criança em relação a abraçar ou beijar outras pessoas. Com essas atitudes, você mostra ao seu filho que carinho não deve ser imposto nem forçado, o que, além de prevenir um possível abuso sexual na infância dessa criança, fará toda a diferença em seus relacionamentos na vida adulta, percebe?

Por exemplo, o desfralde do seu filho deve ocorrer de maneira natural, e não imposta, evitando transmitir a ele a mensagem de que seu corpinho deve se submeter a vontades, regras ou horários impostos por outras pessoas.

Ainda, após a retirada das fraldas, é muito comum que as crianças passem a ter maior interesse por seus órgãos genitais e a manipulá-los. Essa manipulação não tem ainda nenhuma conotação sexual, mas reflete uma descoberta do próprio corpo. Mas, então, como agir?

Para começar, você não deve punir a criança, e sim introduzir a noção de *privacidade*, autocuidado e respeito ao corpo, e aproveitar para ensinar valores e prevenção ao abuso, como: quem pode tocar em suas partes íntimas, e em quais momentos, como ao limpar, por exemplo. E também ensine como ela deve agir se alguém tocar em seus órgãos genitais ou em seu corpinho de maneira imprópria.

E, além da privacidade e da prevenção, cabe a cada família passar seus valores: se pode ou não tomar banho com outras pessoas (e com quem?), em que momentos (ou lugares) a criança pode tocar nos seus genitais, entre outros valores e orientações que devem ser transmitidas gradativamente conforme a criança cresce ou faz perguntas sobre sexualidade. E como agir frente a essas perguntas?

Como não agir?

Nunca se faça de desentendido nem finja que não está percebendo seu filho se masturbar, por exemplo. Quanto mais você se mostra aberto e disponível para conversar e orientar a sua criança, maior a probabilidade de ela recorrer a você, e não a outras fontes de informação. Isso lhe permite, além de responder às perguntas, passar ao seu filho os valores da sua família.

Ainda, nunca puna ou castigue seu filho por estar perguntando algo nem lhe diga que ele não tem idade para falar do assunto. Se por um lado as punições passam para a criança a mensagem de que a sexualidade é ruim, errado, ou proibido, por outro as respostas sinceras trazem informações importantes para a prevenção ao abuso sexual, além de abrirem um canal de comunicação da criança com o adulto de referência, que certamente será acessado por ela caso algo dessa natureza possa estar acontecendo.

Como agir?

Antes de responder à criança, devolva-lhe a pergunta para entender qual o nível de compreensão que ela já tem sobre o assunto. Por exemplo, uma criança que foi minha paciente chegou aos pais perguntando o que era *sexo*, e quando os pais, devidamente orientados, lhe devolveram a pergunta, ela disse que achava que era *sexo masculino e sexo feminino*! Viu só? Geralmente a criança elabora hipóteses na própria cabeça em relação ao que quer saber e ao que está pronta para absorver de determinado assunto. Cabe a nós confirmar ou corrigir partes dessas hipóteses, se necessário. Muito mais fácil, não é mesmo?

É muito importante responder apenas àquilo que está sendo perguntado, de maneira sincera e sem fugir do assunto. Evite também usar metáforas, como a da sementinha ou da cegonha. Lembra que essa criança está na fase da fantasia? Então, ela vai acreditar plenamente nessa história, mas depois vai desacreditar de você por ter mentido para ela. E vale a pena novamente reforçar: sempre repasse seus valores familiares e orientações a respeito da prevenção ao abuso sexual.

Sei que muitas vezes não é fácil abordar esse tema, afinal a abordagem que divido com você é muito diferente da usada quando fomos criados, mas está tudo bem. Até sobre isso é fundamental você falar com a sua criança, e com o máximo de honestidade emocional.

E agora seja sincero consigo mesmo e registre aqui suas principais angústias e reflexões quanto ao assunto.

CAPÍTULO
16

Como lidar com as birras

No Capítulo 2, compreendemos que as birras não são malcriação, e sim comunicação. Elas são o meio de a criança de 3 a 6 anos, sem maturidade cognitiva ou emocional para lidar com as situações, expressar desconforto e/ou frustração.

E se a criança estiver se sentindo mal ou desconfortável com uma situação com a qual não tem ferramentas para lidar, não seria nossa função de pais e mães acalmá-la e ensinar a ela os meios para lidar com isso?

Penso que essa é a parte fundamental do nosso papel. Quando não acolhemos nossos filhos e não mostramos que a comunicação deles, ainda que esta não seja feita da maneira como esperamos, é importante para nós, promovemos desamparo, depressão e ansiedade em nossas crianças.

Mas, como disse, sei que essa não é uma tarefa fácil, ela é, sim, muito complexa. Por isso, acredito que a melhor forma de lidar com as birras da criança é simplesmente não ter de lidar.

Birras não são malcriação,
e sim comunicação. *

"Como assim, Dani?" Exatamente! Acredito, como sempre, que prevenir é sempre a melhor forma de evitar estresse para você e traumas para a criança.

Como agir para evitar as birras?

Cuide primeiro do seu controle emocional e dos seus gatilhos

Você serve de modelo para o seu filho, e, primeiro, deve manter a calma para conseguir acalmar a criança. Além disso, como você também é um ser humano, é importante perceber que tem limitações e gatilhos. Antes de tudo, você precisa aprender a identificá-los, pois vai conseguir entender como lidar com essas situações antes de interagir com a criança, poupando muito estresse e brigas desnecessárias. Concorda comigo? Então liste aqui os seus gatilhos e de que maneira vai lidar com eles no seu dia a dia.

Meus gatilhos e como vou aliviá-los:

....

....

....

....

....

Preste atenção ao ambiente e ao seu filho
Se ele está com fome ou sono, por exemplo, e se o lugar tem muitas pessoas ou estímulos, é muito mais provável que uma birra possa acontecer. Então, alimente seu filho, permita que ele tire uma soneca antes do passeio ou evite muitos estímulos que o deixem agitado.

Prepare a criança
Diga o que vai ocorrer e qual é o comportamento esperado naquele contexto. Por exemplo, avise que vocês vão ao mercado fazer compras, mas que só é permitido que ele escolha um item para levar para casa.

Envolva a criança em atividades
Principalmente quando estiver em ambientes como os descritos anteriormente. Lembra que a criança nessa fase só é capaz de focar um aspecto da situação por vez? Então, quando for ao mercado, peça ao seu filho para te ajudar a encontrar as bananas. Assim ele estará tão concentrado em achar a fruta, que pouco prestará atenção em outros estímulos, como chocolates.

Promova o diálogo
Ensine a criança a dialogar e a verbalizar seus sentimentos. Desse modo, ela não utilizará a birra como forma de comunicação.

Ensine formas de a criança buscar regulação emocional
É fato que a região do córtex frontal responsável pelo autocontrole ainda não está completamente formada no cérebro

da criança, mas é fato também que você pode auxiliar a desenvolvê-la ao ensinar para a criança formas de se acalmar, seja contando até dez, cantando uma música ou respirando profundamente.

Os 3 R's para colocar fim à birra

"Mas, Dani, e se mesmo colocando em prática todas as orientações que você deu, a birra acontecer?" Sim, ainda assim eventualmente as birras acontecerão, motivo pelo qual vou te ensinar os 3 R's para pôr fim à birra.

Respirar
Acalme-se e acalme a criança. Você precisa ser o modelo do seu filho, então de que vai adiantar se você também se descontrolar? É preciso lembrar que ele não tem ainda a área do autocontrole do cérebro desenvolvida, então não ache que ele vai se acalmar sozinho. Muito provavelmente, o próprio choro da criança vai liberar mais hormônio do estresse (o cortisol) no corpo dela, deixando-a cada vez mais agitada e nervosa num looping sem fim. Nesse momento, você, pai ou mãe, deverá lançar mão daquelas técnicas que você ensinou para a criança e que ajudam a acalmá-la. Lembrando que essa não é a hora de ensinar a criança a respirar ou a contar, e sim de utilizar as técnicas que você já ensinou em momentos anteriores, visto que o estresse é incompatível com a aprendizagem.

Redirecionar

Redirecione a criança para outra situação ou pessoa. Não é hora de brigar, punir nem falar da situação que deu origem à birra, e sim de retirar a criança do contexto que originou a crise.

Retomar

Retome o acontecido e valide o sentimento da criança. É nesse momento que você ensina e faz combinados sobre como ela deverá agir em situações semelhantes no futuro. Diga que você entende que ela ficou frustrada porque você não comprou o sorvete que ela queria, e mostre que ela poderia ter negociado com você para tomar o sorvete no fim de semana.

Mais uma vez, preciso dizer: colocar um fim nas birras do seu filho não é tarefa fácil, mas compreender os motivos por trás desse tipo de comportamento com certeza vai te ajudar a lidar melhor com essas situações tão angustiantes para a criança e para você. E o mais importante, todos os aspectos aqui desenvolvidos precisam fazer sentido na sua rotina e na de sua família, o que nos leva ao tema do próximo capítulo.

CAPÍTULO 17

E a relação entre irmãos?

A relação entre irmãos é geralmente a mais duradoura da nossa vida, além de muito importante para a socialização dos nossos filhos. Isso porque, na relação conosco, as crianças fazem parte de um modelo vertical no qual a autoridade paterna prevalece sobre a dos filhos. Já a relação entre irmãos é horizontal, uma relação entre pares, que auxilia a criança a aprender a lidar com seus iguais.

Porém, o fato de ser uma relação importante e duradoura não significa que seja livre de ciúmes e conflitos, muito pelo contrário. Ainda que de maneira diferente do que a sociedade te leva a pensar, seu papel de pai ou mãe não é o de evitar esses conflitos, e sim o de mediá-los para que seus filhos aprendam a resolvê-los sozinhos, exercitar a empatia, saber negociar, esperar a vez, lidar com frustrações e a respeitar os demais.

Viu só quantas coisas as crianças aprendem com os irmãos? Percebeu também quanto esse aprendizado passa pela maneira como você conduz as situações em sua família? Anote aqui suas reflexões:

E, para saber conduzir essas situações com as crianças, a primeira e mais importante ferramenta é a empatia! Coloque-se no lugar do seu filho mais velho e pense como seria se seu companheiro ou companheira lhe dissesse que agora terá outro homem ou mulher morando com você, dividindo seu quarto, suas roupas e seus pertences e a atenção que é dedicada a você. Como *você* se sentiria?

E se ele ou ela dissesse também que nada mudaria, será que você acreditaria? Provavelmente não, pois tudo já mudou, não é mesmo? E isso mostra para nós que a segunda ferramenta para utilizar na chegada de um irmão mais novo é a honestidade emocional. Seja muito verdadeiro com seu filho mais velho. Tudo vai mudar! E é muito melhor você preparar a criança para as mudanças do que prometer um cenário que não vai se concretizar. Concorda comigo?

A única coisa que certamente permanecerá inalterada é seu amor pelo filho mais velho, e isso você pode (e deve!) deixar muito claro para ele. Mas é fato que a rotina, a relação com o filho mais velho e até com o filho mais novo vão mudar, pois agora, sendo pai ou mãe de dois ou mais filhos, não será possível dedicar todo o tempo e a atenção exclusiva que você ofereceu ao primeiro.

E não adianta se cobrar nem se culpar por isso. É preciso entender que podem ocorrer ciúmes, demanda por atenção do mais velho e até a regressão de alguns comportamentos, como o xixi na cama ou o uso de chupeta ou mamadeira.

Mais do que se culpar, é preciso aprender a lidar e ensinar seu filho mais velho a se adaptar também, conversando e orientando muito, sabendo ter visão de raio X para enxergar o que está por trás do mau comportamento ou das regressões de comportamento do seu filho. Entenda, como sempre digo, que: *não é malcriação, é comunicação!*

Além disso, uma dica bem importante consiste em envolver o filho mais velho na preparação para a chegada do bebê, e até em pequenas atividades do cuidado com o menor, como pegar a mamadeira ou a fralda. Nesse sentido, a ideia não é atribuir responsabilidades ou sobrecarregar o irmão mais velho, e sim fortalecer a relação entre os dois. E você pode fazer isso, inclusive, elogiando o seu filho maior para o bebê, ao dizer: "Olha só, filho, como o seu irmão ajuda a cuidar de você! Ele pegou sua fralda tão rápido".

Além disso, e independentemente da idade:

* Tenha tempo de qualidade com cada filho, e nunca tente padronizar o tratamento, pois cada um tem uma idade, uma personalidade e uma demanda específica, e deve ser amado e suprido individualmente naquilo de que necessita;
* Nunca compare seus filhos. Muitas vezes, utilizamos as comparações para destacar algum comportamento que queremos estimular nas crianças, dizendo, por exemplo: "Olha como seu irmão é organizado e estudioso! Por que você não faz como ele?". Porém, longe de estimular melhores atitudes, esse tipo de comparação só gera raiva e distanciamento entre os irmãos;
* Estimule a cooperação, criando momentos positivos e de interação entre os irmãos. Em vez de destacar que um deles é bom em desenhar e o outro é um pintor muito criativo, você pode propor uma atividade em que desenhem e pintem juntos, cada um extraindo o melhor do outro. Percebe a diferença?

E quando os irmãos brigam?

Ao não promover comparações e ao ser empático, ter tempo de qualidade e estimular momentos prazerosos com seus filhos, tenho certeza de que você vai evitar muitas brigas entre irmãos em sua casa. Mas isso não significa que elas nunca vão acontecer. Então, como agir nessas situações?

Entenda os reais motivos do conflito
Geralmente não é por causa da televisão nem de algum brinquedo em particular, o que eles querem é saber a quem o pai ou a mãe vai dar razão e privilegiar na situação.

Saiba a hora de intervir
Resista à tentação de ir ver o que está acontecendo ao primeiro sinal de confusão. Dê aos seus filhos a oportunidade de resolver a situação e só intervenha quando for chamado ou quando perceber que a situação está ficando um pouco mais grave.

Controle-se
Não adianta perder a paciência, explodir e/ou dar castigos severos. Também não ajuda fazer críticas que só atrapalham a autoestima das crianças. É importante estabelecer os limites de maneira respeitosa, sendo você o modelo de relacionamento, diálogo e resolução de conflitos.

Considere os dois lados da história e evite tomar partido
Devemos resistir à tentação de sempre defender o mais novo ou o mais frágil. É importante ouvir os dois lados com a mesma atenção e tentar ser justo na resolução do problema. Claro que sempre levando em consideração a idade da criança e o nível de compreensão e maturidade de cada uma delas. Uma ferramenta poderosa para lidar com a situação (e que vamos abordar em detalhes no Capítulo 31) é colocar todos no mesmo barco. Isso significa não ficar buscando culpados ou vítimas, mas assumir, com os seus filhos, que há um problema e que é preciso buscar

a solução, dizendo, por exemplo: "Pessoal, não estamos conseguindo nos entender quanto a qual programa de televisão vamos assistir. Quem tem uma ideia para resolver essa situação?". E, certamente, quando as crianças participam nas decisões, estão muito mais propensas a segui-las.

Converse, converse, converse!
A melhor saída para os conflitos entre irmãos é sempre o diálogo. Nem sempre uma única conversa resolve. Mas é preciso insistir e não desistir de conversar e explicar. Repita, repita e repita! Para que eles entendam que é pelo diálogo que se resolvem os impasses da vida, e não com agressão ou intolerância.

Concorda comigo? Este capítulo fez sentido para você e sua família? De que maneira você costuma lidar com esse tipo de situação?

....

....

....

....

....

....

CAPÍTULO
18

Pesadelos, sonambulismo e terror noturno

Como já dissemos no início desta parte, o padrão de sono comumente se altera no ciclo de desenvolvimento que abrange as idades entre 3 e 6 anos, com a criança demandando menos horas de sono (inclusive diurnos). Veja quantas horas as crianças devem dormir, em média, de acordo com a faixa etária:[12]

0 a 3 meses	14 a 17 horas
4 a 11 meses	12 a 15 horas
1 a 2 anos	11 a 14 horas
3 a 5 anos	10 a 13 horas
6 a 13 anos	9 a 11 horas
14 a 17 anos	8 a 10 horas

---

12 RIBEIRO, M. Como o sono impacta o desenvolvimento infantil. *Portal Drauzio Varella*, 7 jun. 2023. Disponível em: https://drauziovarella.uol.com.br/pediatria/como-o-sono-impacta-o-desenvolvimento-infantil/. Acesso em: 5 fev. 2025.

Esses diferentes padrões de sono, além da ansiedade de separação ocasionada pela entrada na escola, podem provocar algumas alterações temporárias no sono da criança. Todavia, é preciso estar atento. Se for algo persistente, é preciso buscar ajuda, pois pode indicar um quadro psicológico ou neurológico mais grave. E quais seriam essas alterações?

* **Terror noturno:** a criança desperta agitada (gritando) e pode até se levantar, abrir os olhos e falar. Tudo isso acontece de maneira rápida, sendo que volta a dormir e na manhã seguinte não se lembra de nada. Mais comum em meninos de 3 a 13 anos.
* **Sonambulismo:** também é comum nessa idade e muito parecido com os terrores noturnos. A diferença é que a criança pode falar ou andar enquanto estiver sonâmbula, sem, contudo, lembrar do que ocorreu na noite anterior. Durante o terror noturno ou o sonambulismo a criança não deve ser interrompida nem acordada, apenas reconduzida gentilmente à sua cama para voltar a dormir.
* **Pesadelos:** geralmente ocorrem por agitação antes da hora de dormir, ou até por uso de eletrônicos. Um estudo realizado na Universidade de Montreal em 2019 demonstrou que as crianças não têm uma frequência maior de pesadelos quando comparadas aos adultos, visto que ambos os grupos apresentam, em cerca de 80% dos seus sonhos, algum componente que provoque ansiedade ou desconforto. O que difere no grupo infantil é que geralmente acordam muito mais assustadas do que os adultos, visto que têm menos ferramentas cognitivas e emocionais

para lidar com as situações que geraram esses sentimentos nos sonhos. Além disso, é importante relembrar que as crianças nessa idade ainda não diferenciam totalmente fantasia da realidade, podendo sonhar com monstros e bruxas, e temê-los, por exemplo.

Então é fundamental, no sentido de evitar os pesadelos, criar uma rotina de sono e ir acalmando o ritmo da casa, diminuindo os volumes e desligando eletrônicos pelo menos uma hora antes de dormir. Você pode também aproveitar para contar uma história, fazer uma oração ou uma massagem, bem como utilizar quaisquer outras estratégias que ajudem a criança a relaxar para pegar no sono.

Como ajudar e acalmar seu filho se ele tiver um pesadelo?

Abraçar a criança e explicar que foi apenas um sonho, auxiliando-a a relaxar e voltar a dormir é uma primeira ação importante. Você também pode utilizar a própria fantasia da criança, criando a "coberta da invisibilidade", que não deixará os monstros encontrá-la, ou um "spray da coragem" (água com alguma essência relaxante), que ao ser expirado no quarto vai auxiliá-la a dormir tranquila. Aqui vale soltar a criatividade e utilizar o que faça sentido para sua criança e sua família.

Além de sempre auxiliar e acalmar seu filho quando tiver um pesadelo, é fundamental que você reconduza a criança para a própria cama. Assim você mostra para seu filho que estará sempre ao lado dele para apoiá-lo, mas que é essencial aprender a enfrentar as dificuldades, e não simplesmente as evitar, o que é um aprendizado fundamental para a vida dele, concorda?

Além disso, é muito importante tentar identificar se a criança está preocupada com algo ou passando por um momento difícil de vida, como a entrada na escola e/ou o nascimento de um irmão, e tentar auxiliá-la a resolver tais situações.

Agora, é claro, se os pesadelos estiverem muito frequentes, ou se faltam à sua família ou à sua criança as ferramentas necessárias para resolver os problemas que têm dado origem a essas alterações no sono, é sempre muito importante procurar a ajuda de um psicólogo infantil para auxiliar a criança a lidar com os pesadelos, ou com quaisquer outros medos infantis, que serão o tema do nosso próximo capítulo.

CAPÍTULO 19

Como lidar com os medos infantis?

O medo é uma reação natural do ser humano, inclusive necessária à sobrevivência, visto que nos faz recuar diante dos perigos. Desde muito pequenos, os seres humanos já sentem medo. Como no caso do bebê de 0 a 2 anos, que já demonstra essas reações a barulhos, altura e na separação de sua mãe ou figura de referência.

O que ocorre com a criança de 3 a 6 anos é que, por estar vivenciando de maneira intensa as fantasias, torna-se comum o medo de monstros, bruxas e fantasmas, por exemplo. Isso implica que você deve cuidar bastante da classificação indicativa de filmes, desenhos e jogos, para não expor seu filho a conteúdos com os quais ele não está emocionalmente maduro para lidar, criando, assim, medos desnecessários.

Mas ainda que você, pai ou mãe, tome esses cuidados, o que fazer quando seu filho apresentar muito medo de determinada situação?

1. **Validar e acolher.** Nunca menospreze o medo da criança. Por mais que pareça pequeno ou bobo para você, para ela é intenso e real. Escute, entenda, tenha empatia e acolha.
2. **Mostre tranquilidade e segurança.** Seja o adulto de referência que acalma a criança e a ajuda a enfrentar a situação. O que quero destacar aqui é que é importante não invalidar o medo da criança, mas mostrar para ela que não tem nada a temer. Então, se seu filho tem medo de palhaço, por exemplo, diga-lhe que você o entende, mas que ele não precisa temer, e que você estará ali para o auxiliar.
3. **Realize o enfrentamento gradativamente.** Faça isso para que o ritmo não avance de maneira muito desconfortável para a criança. Vá mostrando para ela, a cada etapa, por meio de sua evolução, que ela é capaz de lidar com a situação. Utilizando ainda como exemplo o medo de palhaço, estabeleça com seu filho algumas etapas para vencer esse medo, que podem ser: ver uma foto de palhaço, depois um filme com palhaço, um palhaço de longe, e assim sucessivamente até a superação desse temor. E não se esqueça de elogiar e encorajar a criança a cada etapa vencida.
4. **Use estratégias para a superação do medo.** Os objetos lúdicos da coragem, de que falei no capítulo anterior; livros infantis que deem modelo de outros personagens enfrentando os próprios temores; ou mesmo exercícios de respiração e relaxamento que possam ser realizados pela criança frente às situações estressoras.

Lembrando, é claro, que quando os medos são excessivos ou prolongados é necessário buscar a ajuda de um psicólogo infantil. O que não significa que as crianças, conforme crescem, vão deixar de ter alguns medos. O que se percebe é que, após os 6 anos, os medos ficam muito mais parecidos com temores dos adultos, como medo de ladrões, assaltos, de morte ou de morrer, podendo os últimos dois temas estar presentes também na fala das crianças de 3 a 6 anos, conforme veremos no próximo capítulo.

CAPÍTULO 20

Meu filho fala em morte ou em morrer

É claro que esse tipo de comentário nos assusta, como pais e mães. Confesso que eu, mesmo sendo psicóloga, me assustei quando meu filho me disse, certa vez, que queria morrer para não ter que fazer suas tarefas escolares. Claro que a mãe que há em mim se assustou com um comentário tão pesado para uma situação tão corriqueira. Mas a psicóloga que também existe em mim me fez lembrar que existem diferentes motivos para a criança falar em morte ou em morrer e que, mais do que nos assustarmos, precisamos, primeiro, entender a intenção dela ao dizer isso.

Lembra, como vimos no início deste livro, que é importante olhar não apenas o comportamento em si, mas também as motivações e as consequências desse comportamento para a vida da criança? E, assim, entendendo as três principais motivações da criança para falar em morte ou em morrer, vamos também compreender como lidar com cada uma delas.

A primeira possibilidade de a criança falar em morte ou em morrer é o fato de ela estar absorvendo estímulos violentos ou relacionados à morte. Lembre-se de que as crianças pequenas (até os 6 anos) são esponjas que absorvem tudo o que está ao redor, sem ter ainda maturidade para refletir sobre esses estímulos.

Então, observe os tipos de desenho a que seu filho está assistindo, os jogos que costuma jogar e a convivência com crianças que possam ter um linguajar de agressividade ou violência, ou mesmo com adultos que rotineiramente falam sobre a morte, o morrer, doenças ou sobre a perda de pessoas queridas.

E se você identificar que essa pode ser uma motivação no caso do seu filho, converse com ele sobre os jogos e desenhos permitidos em sua casa (você pode restringir o uso de telas, seguindo as dicas do Capítulo 24) e sobre que tipo de linguagem é aceitável nesse ambiente. Explique que nos jogos os personagens podem até morrer e depois voltar à vida, mas que na vida real não é assim.

Evite, inclusive, falar sobre a morte de maneira figurada, por exemplo, "estou morto de fome". Lembre-se de que a criança pequena é literal e não entende linguagem figurada. Ela vai achar que você está morto mesmo, mas não vai conseguir compreender por que você "morreu de fome", mas continua "vivinho da silva!".

E por que isso acontece? Até os 6 ou 7 anos, como vimos, a criança não tem a habilidade de reversibilidade de pensamento, então não consegue ver a morte como algo definitivo e acabado, o que culmina na segunda motivação para falar em morte ou morrer.

Muitas vezes, a criança pequena vê a morte como forma de resolver um problema com o qual ela não está conseguindo lidar, como foi no caso do meu filho. O que ele estava me dizendo não era que gostaria de morrer, e sim que queria uma forma de não ter que fazer suas tarefas. Mas, na inocência e na falta de ferramentas e habilidades sociais de uma criança de 4, 5 anos, o que percebemos é que eles encontram na morte (algo que ainda não entendem muito bem e que não sabem que é definitiva) uma alternativa.

E a mesma coisa pode acontecer quando o seu filho, ao ser contrariado por você, verbaliza que quer "te matar" ou quer que "você morra!". O que ele está dizendo, na verdade, é que não gostou do que você fez e que gostaria de resolver a situação de outra forma.

Nesse segundo caso, apesar de você, muitas vezes, se sentir ofendido, a minha dica é: não se preocupe tanto com o discurso (ou com o mau comportamento), porque ele só é a ponta do iceberg. Preocupe-se muito mais com o que a criança quer te comunicar por meio desse mau comportamento e a ajude a lidar com a raiva e a frustração de outra maneira. Você pode, por exemplo, ensiná-lo a bater numa almofada, rabiscar um papel, rasgar jornal ou escrever seus sentimentos num caderno.

Além disso, precisamos ensinar à criança outras possibilidades de resolver as situações sem precisar se remeter à morte, e isso você fará conversando com seu filho e questionando, por exemplo: "Entendi que você não gostou de que seu irmão tenha pegado o seu brinquedo, mas não é por isso que você precisa dizer que vai matá-lo. O que mais você pode fazer para ter seu brinquedo de volta?".

Perceba que desse jeito você age naturalmente em relação à situação, valida o sentimento do seu filho, porém tenta encontrar com ele formas mais efetivas de resolver as situações.

Agora se, numa terceira possibilidade, além de perceber que a agressividade da criança está exagerada, e que, além de expressar um desejo de morrer ou de matar ela está mais triste, deprimida ou irritada que o normal, então é importante se preocupar e procurar a ajuda de um psicólogo infantil para ajudar a sua família. O psicólogo infantil vai apoiar os pais e responsáveis na descoberta da origem dos comportamentos agressivos e depressivos e até poderá ajudar na abordagem dessas emoções.

Antes de seguirmos para a próxima etapa, crianças de 6 a 11 anos, use o espaço a seguir para desabafar. Conte os seus desafios e as estratégias que usou para contornar os problemas. Anote o que deu e o que não deu certo com o seu filho. Abra o seu coração!

PARTE 4

Terceira infância:
6 a 11 anos

CAPÍTULO 21

O que está acontecendo com seu filho? Fase do Rubicão!

A idade entre 6 e 11 anos é o período mais longo da infância, no qual as crianças começam a ficar cada vez mais parecidas com os adultos, tanto no aspecto físico quanto no cognitivo. Quanto ao aspecto físico, crescem em torno de 5 a 7,5 centímetros por ano, ainda que, para manter o crescimento em um nível adequado, necessitem de uma dieta saudável e exercícios físicos.

Importante destacar, porém, que as notificações do Sistema de Vigilância Alimentar e Nutricional de 2019 indicaram que 14,96% das crianças brasileiras entre 5 e 10 anos estão com sobrepeso, e 8,22% delas já apresentam um quadro de obesidade, com 4,97% das crianças da faixa etária com obesidade grave.[13] Tais dados, aliados a maior preocupação com a imagem e o formato corporal nesta fase, sobretudo entre as meninas, também exigem que estejamos alertas em relação à possibilidade do surgimento de transtornos alimentares.

Podem começar a acontecer mudanças no corpo e alterações hormonais, como o aparecimento dos seios e dos primeiros pelos no corpo. Nesse sentido, é muito importante ter construído uma boa relação com o seu filho para ter abertura e vínculos o suficiente para começar a abordar questões de identidade de gênero, autoestima e relacionamentos (para mais detalhes sobre como lidar com a sexualidade da criança desde pequena, retomar o Capítulo 15).

De maneira geral, seu organismo já está mais resistente, mas é comum ainda algum resfriado ou gripe. No entanto, os acidentes e ferimentos são frequentes e ocasionados pela maior exposição aos contextos e pela busca de autonomia.

A necessidade de sono diminui para cerca de nove a onze horas por dia, podendo ainda ocorrer distúrbios do sono que, nesta idade, estão muito relacionados a questões como agitação, falta de rotina e uso excessivo de eletrônicos. Mas fique tranquilo, o Capítulo 24 vai te ajudar a reduzir o uso de telas na sua casa. Independentemente do motivo, porém, vale destacar que as alterações no sono podem se refletir no rendimento da criança no que se refere à aprendizagem escolar.

---

13 OBESIDADE infantil é fator de risco para doenças respiratórias, colesterol alto, diabetes e hipertensão. *Gov.br*, 3 jun. 2022. Disponível em: https://www.gov.br/saude/pt-br/assuntos/noticias/2022/junho/obesidade-infantil-e-fator-de-risco-para-doencas-respiratorias-colesterol-alto-diabetes-e-hipertensao. Acesso em: 2 set. 2024.

E por falar em aprendizagem, em torno dos 10 ou 11 anos, há o amadurecimento da substância cinzenta do cérebro, principalmente nos lobos parietais, que são os responsáveis pela compreensão espacial. Ainda, acontece o início maturação dos lobos frontais (planejamento e organização da ação), que vai se completar aos 25 anos, e dos lobos temporais (linguagem), cujo processo de maturação finaliza em torno dos 16 anos.

E com isso, em termos cognitivos, a partir dos 7 anos as crianças já conseguem pensar em vários aspectos de uma situação, além de já terem adquirido a reversibilidade de pensamento, o que significa que conseguem compreender que uma moeda de um real é equivalente a duas de cinquenta centavos, e vice-versa. Ela também já consegue classificar, seriar e realizar cálculos mentais mais simples.

Comportamento social

Como essa criança já tem a capacidade de apreender vários aspectos da mesma situação, também, no aspecto social, é capaz de entender o ponto de vista das outras pessoas, desenvolvendo um forte senso de justiça e de respeito às regras. Nesta etapa, não são tão mais autocentradas, e sim um pouco mais voltadas ao próximo, começando a formar os primeiros grupos de amigos, que oferecem oportunidades únicas para a familiarização com as normas e processos sociais, para a aprendizagem de novas habilidades sociais e o exercício do autocontrole.

E se esses grupos de amigos trazem tantos aprendizados, também podem estar atrelados a alguns desafios, pois frequentando e percebendo regras diferentes na casa das outras crianças, seu filho pode começar a questionar as regras da própria família, dizendo, por exemplo, que o amigo já tem celular ou que pode ficar acordado até tarde. Mas quem nunca, não é mesmo!?

Outra eventual dificuldade consiste na integração com esses grupos de amigos. Pois, se, por um lado, as afinidades unem as crianças nessa idade, por outro as diferenças se destacam e podem ser alvo de bullying por parte dos colegas. E aqui um alerta: se você perceber que seu filho está praticando ou sofrendo bullying, não demore em procurar a ajuda especializada de um psicólogo infantil, pois as consequências para o desenvolvimento dele podem ser graves.

Fase do Rubicão

Todas as mudanças apresentadas, além dos questionamentos das regras e busca por autonomia que ocorrem com as crianças entre os 8 e 11 anos, correspondem à chamada Fase do Rubicão. "Credo, Dani, por que esse nome?"

O nome "Rubicão" é atribuído a uma expressão antiga retirada da história de Júlio César (100 a.C.–44 a.C.). Na época do Império Romano, para proteger Roma de invasões militares, foi criada uma lei que proibia qualquer exército de atravessar o rio Rubicão. Mas Júlio César, perseguido pelo Senado romano, diante do dilema de atravessar ou não esse rio, decidiu fazê-lo mesmo assim. Foi quando ele disse a sua conhecida frase *"alea jacta est"* – "a sorte está lançada" –, atravessou o Rubicão, derrotou seus inimigos e tornou-se imperador. Desde então, o termo "Rubicão" passou a fazer alusão a esse "caminho sem volta".[14]

É exatamente desse modo que as crianças nessa idade estão: numa travessia sem volta da magia da vida infantil para as incertezas da vida adulta, em um turbilhão de sentimentos, pensamentos e mudanças que representam um caminho para o qual não se pode retornar.

E como nós, pais, podemos apoiá-las nesse processo? Entendendo o momento de vida que a criança está experienciando e, sobretudo, ouvindo-a, conversando e mostrando a riqueza e a beleza associadas ao crescimento, e auxiliando-a a enfrentar todos os dilemas dessa fase, os quais abordaremos a partir de agora.

---

14 LIMA, V. Fase do Rubicão: como lidar com a crise dos 9 anos? *Crescer*, 24 fev. 2024. Disponível em: https://revistacrescer.globo.com/pre-adolescentes/desenvolvimento/noticia/2024/02/fase-do-rubicao-como-lidar-com-a-crise-dos-9-anos.ghtml. Acesso em: 2 set. 2024.

CAPÍTULO 22

Transtornos de aprendizagem: como identificar e lidar?

A primeira coisa antes de entrarmos no assunto é diferenciar o que é apenas uma dificuldade do que é efetivamente um transtorno de aprendizagem.

Em geral, as dificuldades de aprendizagem têm origem no ambiente externo à criança e estão relacionadas a metodologia, professores, apoio familiar ou outros elementos, que muitas vezes não contribuem da melhor forma para que a criança possa aprender determinado conteúdo. As dificuldades são transitórias e superadas com a adequada estimulação da criança.

Já os transtornos de aprendizagem têm relação com o funcionamento neurobiológico. São apresentados por crianças com quociente de inteligência (QI) dentro dos parâmetros adequados para a idade, mas com dificuldades em uma ou mais áreas da aprendizagem, a saber: atenção/concentração, leitura, escrita, matemática, entre outras. Também é possível que as crianças que apresentem um transtorno consigam superar as habilidades deficitárias, mas, para isso, é necessária a intervenção nas habilidades neurocognitivas realizada por profissional especializado.

E quais são os principais transtornos de aprendizagem que uma criança em idade escolar pode apresentar? Antes de responder a essa pergunta, gostaria de destacar dois pontos:

1. Um elemento importante do diagnóstico de transtornos de aprendizagem se refere justamente aos prejuízos em determinada área. Isso significa que, em geral (exceto para crianças muito inteligentes e que conseguem compensar suas dificuldades de outras formas), o diagnóstico de um transtorno vem acompanhado por baixo rendimento escolar.
2. Cuidado com o diagnóstico precoce! O diagnóstico de um transtorno de aprendizagem só pode ser efetivamente concluído em idade escolar, após a criança passar por todo um processo que envolve mudanças na metodologia e nos apoios necessários, e, ainda assim, mesmo com tudo isso, não ter conseguido um bom desempenho nas habilidades escolares requeridas. Antes dos 7 anos, aproximadamente, o que é possível observar são apenas alguns sinais e/ou sintomas do transtorno, porém cuidado com profissionais que fazem diagnósticos e medicam a criança antes dessa idade.

E quais seriam os principais transtornos de aprendizagem das crianças em idade escolar? Caneta na mão e tome nota!

Principais transtornos de aprendizagem na idade escolar

O primeiro e mais comum, atingindo cerca de 10% das crianças em idade escolar, é a dislexia, que corresponde a dificuldades relacionadas a leitura, soletração, escrita e até a fala.[15] Na dislexia, a área afetada é o lobo parietal, associado à interpretação dos sons. E isso significa que a criança troca as letras na leitura e na escrita (e, às vezes, até na fala), o que torna a sua leitura muito equivocada e pausada, prejudicando, também, a compreensão do material lido. Porém, essa dificuldade é minimizada quando o texto é lido para ela por outra pessoa.

O segundo transtorno de maior incidência, cerca de 5% dos casos, nas crianças em idade escolar é o transtorno do déficit de atenção com hiperatividade (TDAH).[16] A criança com TDAH apresenta uma disfunção no córtex frontal, responsável pelo controle de impulsos, atenção, organização e planejamento. Assim, pode apresentar dois grupos de sintomas, segundo o DSM-5- TR, o *Manual diagnóstico e estatístico de transtornos mentais*:[17]

---

15 MONTANARI, R. *Uma análise sobre dislexia na escola*. 2015. 68 f. TCC (Graduação) – Curso de Pedagogia, Instituto de Biociências da Universidade Estadual Paulista Júlio de Mesquita Filho, Rio Claro, 2015.

16 PRINCIPAIS sintomas do TDAH em crianças na idade escolar. *Rhema Neuroeducação*, mar. 2022. Disponível em: https://rhemaneuroeducacao.com.br/blog/principais-sintomas-do-tdah-em-criancas-na-idade-escolar/. Acesso em: 3 set. 2024.

17 AMERICAN PSYCHIATRIC ASSOCIATION. *Manual diagnóstico e estatístico de transtornos mentais – DSM-5-TR*: texto revisado. Porto Alegre: Artmed, 2023.

1. Desatenção:
   * não presta atenção aos detalhes ou tem dificuldade de mantê-la;
   * não acompanha as instruções e não completa tarefas;
   * sente dificuldade para se organizar e perde objetos;
   * distrai-se facilmente;
   * esquece-se das tarefas diárias;
   * não gosta de atividades que exijam manter a atenção por muito tempo.

2. Hiperatividade/impulsividade:
   * movimenta pés e mãos frequentemente;
   * corre ou anda em locais impróprios, como na sala de aula;
   * corre ou escala em locais inapropriados;
   * fala demais;
   * sente dificuldade de brincar tranquilamente;
   * não consegue aguardar a vez;
   * responde às perguntas antes que tenham sido formuladas.

Para um efetivo diagnóstico de TDAH, realizado por profissional qualificado, as crianças devem apresentar pelo menos seis dos sintomas em no mínimo dois ambientes (casa e escola, por exemplo) e por um período de pelo menos seis meses.

Esses critérios servem para nos lembrar de que, quando se trata de um transtorno, a dificuldade não é transitória, e sim persistente. Por se tratar de uma disfunção cerebral, esses prejuízos acompanham a criança em quaisquer lugares que ela frequente.

Também é preciso recordar que um sintoma isolado não faz diagnóstico, e esse é um fato muito importante a se considerar, visto que a sociedade moderna e o uso excessivo de eletrônicos (vamos falar disso no Capítulo 24) têm deixado as crianças extremamente ansiosas e agitadas, sem que sejam, necessariamente, hiperativas.

É claro que existem muitos outros transtornos de aprendizagem, bem como muitas outras nuances para os que apresentei. Por isso, preciso deixar claro que a intenção aqui não é esgotar o assunto, e sim apenas alertar você, pai ou mãe, para que esteja atento a alguns sinais e/ou dificuldades do seu filho, buscando a ajuda e avaliação de um profissional qualificado, se julgar necessário.

CAPÍTULO 23

Brincadeiras indicadas para a idade

Entre os 6 e 11 anos, as crianças já têm uma coordenação motora melhor, entendem bem as regras de um jogo e conseguem se manter focadas em uma atividade por mais tempo. Além disso, como estão em uma fase de intenso desenvolvimento cognitivo, são indicados para elas os jogos que contribuem nesse aspecto: focar a atenção, pensar antes de agir ou planejar objetivos e segui-los, como Lego®, quebra-cabeça, jogo dos sete-erros ou jogo da memória.

Nessa idade, as crianças também já são capazes de controlar melhor as emoções, esperar a vez e lidar com a frustração da perda. A maioria já consegue resolver os conflitos e gosta de jogos desafiadores e competitivos, como jogos de tabuleiro, Uno®, dominós etc.

E, já que continuam com a ânsia de explorar e compreender o mundo à sua volta, costumam apreciar bastante atividades como experiências, montar ou desmontar objetos ou receitas.

Por conta do maior desenvolvimento da linguagem e do início da alfabetização, os livros podem vir a ser um passatempo muito interessante e devem ser estimulados desde cedo.

Além disso, a prática de esportes, sobretudo coletivos, é muito importante para a socialização e o desenvolvimento da saúde física nessa idade, sem contar que brinquedos como patinetes, bicicletas e skates, além de muito divertidos, estimulam as crianças a saírem das telas e praticarem exercícios físicos.

É claro que os desenhos, filmes, videogames e tablets também despertam a curiosidade e a atenção das crianças dessa idade, mas devem ser utilizados com moderação, conforme abordaremos no próximo capítulo.

CAPÍTULO 24

Como monitorar e reduzir o uso de telas?

Para começar este capítulo, gostaria de perguntar: você, pai ou mãe, já pensou em oferecer cocaína para seu filho? Sim ou não?

Imagino que deve estar respondendo que não, e, ao mesmo tempo, refletindo por que eu lhe fiz essa pergunta, já que o capítulo não fala de drogas, mas sobre o uso de telas. Pois bem, saiba que as telas causam o mesmo efeito neurobiológico que a cocaína no cérebro do seu filho, representando uma intensa descarga de dopamina, o hormônio do prazer. A intensidade dessa descarga é aproximadamente dez vezes maior do que a quantidade de dopamina liberada em outras atividades, como brincar ao ar livre.

Uma vez que essa quantidade de dopamina age no circuito de recompensa do cérebro, este passa a funcionar a partir das descargas intensas, buscando cada vez mais (e por mais tempo) a sensação de prazer provocada pelas telas, à medida que se recusa a realizar quaisquer outras tarefas. E não é exatamente isso que acontece com o seu filho? Quanto mais ele fica na frente das telas, mais parece querer telas e menos outras brincadeiras? E sabe o que mais ocorre no cérebro do seu filho a partir da exposição às telas?

* **Descarga de adrenalina:** deixa a criança agitada e com problemas de atenção, concentração e memória. O uso excessivo de telas pode explicar muitas das dificuldades escolares das crianças, sem que haja necessariamente um transtorno de aprendizagem.
* **Descarga de cortisol:** o hormônio do estresse pode estar associado à irritabilidade, à ansiedade e até à depressão infantil.

Pois é, quantos prejuízos, não é mesmo? Mas isso significa que devemos evitar completamente o uso das telas em nossa família?

Na verdade, no que diz respeito à educação de filhos, não acredito em posturas radicais, e penso que a proibição total somente vai aumentar o interesse das crianças. O que eu ensino é o uso inteligente das telas, baseado nos três pilares descritos a seguir.

Os três pilares do uso inteligente das telas

1. **Horas de exposição:** elas não devem exceder ao recomendado pela Organização Mundial da Saúde (OMS), a saber:

- até 2 anos: não expor às telas = zero;
- de 2 a 6 anos: máximo de uma hora de exposição;
- de 7 a 11 anos: máximo de duas horas;
- de 11 a 18 anos: máximo de três horas de exposição.

2. **Parâmetros e critérios de exposição:** combine com o seu filho, por exemplo, de não ficar na frente da televisão no início da manhã (pois, sim, isso faz com que acordem cada vez mais cedo para terem acesso às telas), que precisa desligar os eletrônicos pelo menos uma hora antes de dormir para ter um sono mais reparador, e que vai utilizar as telas em momentos-chave para a família, como quando os pais precisam realizar uma reunião ou tomar banho, tudo isso, é claro, respeitando os critérios de quantidade (que já mencionei) e de qualidade da exposição, que trago no próximo tópico.

3. **Qualidade da exposição:** defina também com seu filho quais programas, vídeos e jogos ele poderá acessar. Esteja consciente da classificação indicativa desses materiais e sempre ao lado dele, monitorando o que está acessando.

Com certeza, utilizando esses três pilares, você vai reduzir bastante o uso de telas na sua casa. Porém, se ainda assim encontrar dificuldades, pode colocar em prática as seguintes estratégias:

- **Seja modelo:** se quer que seu filho diminua o uso de celular, tablet e TV, monitore seu próprio uso. Sei que muitas vezes nós, adultos, dependemos da tecnologia para resolver questões de trabalho ou emergências, mas, ainda assim, busque fazê-lo o mínimo possível na presença da criança, sempre avisando-a de que se trata de trabalho, e não de diversão.

* **Dificulte o acesso:** muitas vezes, até nós, adultos, buscamos a televisão ou o celular pela facilidade de acesso, e por não conseguirmos, ou querermos, pensar em outras possibilidades em nosso tempo livre. Isso acontece também com as crianças. Então, a estratégia aqui é deixar controles remotos e eletrônicos guardados em lugares altos, por exemplo, e de difícil acesso para a criança. Assim, ela sempre precisará solicitá-los para você, momento no qual, antes de ceder, você aproveitará primeiro para oferecer alternativas.

* **Ofereça alternativas:** deixe à vista das crianças uma mesa com diversos materiais para atividades, como massinha, pintura, colagem, jogos, livros. Com certeza, em muitas ocasiões, ela vai aceitar essas possibilidades em detrimento dos eletrônicos. Eu sei que, em alguns momentos, seu filho vai cansar ou perder o interesse por essas atividades, ou ainda, como falei, você vai precisar que ele fique alguns minutos nas telas para que possa realizar suas tarefas. Por isso os combinados são tão importantes.

* **Combine e faça cumprir o tempo de exposição:** sim, eu sei que você combina esse tempo com seu filho, mas que o difícil é fazê-lo cumprir, porque, ao final do período, ele só quer "mais cinco minutinhos" ou "terminar de salvar o jogo", não é mesmo? Então não adianta apenas

combinar, é preciso garantir que seu filho cumpra o que foi determinado por meio de avisos e conexão. Ou seja, você explica ao seu filho qual será o tempo permitido de exposição aos eletrônicos e sinaliza que você lhe dará três avisos: com quinze, dez e cinco minutos, por exemplo, para ele finalizar aquilo de que precisa, destacando que esse será o tempo final que ele utilizará para salvar e desligar os jogos. E então, após o último aviso, você vai até ele, se conecta, senta ao seu lado, conversa e o conduz a outra atividade também prazerosa, como brincar juntos ou ler um livro, ajudando-o a se desconectar mais facilmente das telas.

Tenho certeza de que essas estratégias vão funcionar muito bem na sua casa. Então, aproveite e registre aqui quais têm sido suas dificuldades e desafios em relação às telas, e o que pretende colocar em prática a partir da leitura deste capítulo:

....

....

....

....

CAPÍTULO
25

Promovendo a autonomia do seu filho

Há uma frase atribuída à escritora e jornalista Ann Landers que diz: "Não é o que você faz por seus filhos, mas o que você os ensinou a fazer por si mesmos que os tornará seres humanos bem-sucedidos". Você concorda com essa máxima? Coloque aqui suas reflexões:

....

....

....

Particularmente, penso que parte fundamental do nosso papel de pais ou mães é nos tornarmos desnecessários na vida dos nossos filhos. E acredito ainda que devemos fazer isso gradualmente, afinal não dá para simplesmente querer virar uma chave e, do dia para a noite, tornarmos aquela criança totalmente dependente um adolescente ou adulto autônomo e proativo.

Para que possamos caminhar nesse sentido, é fundamental que a criança, a partir dos 6 ou 7 anos, tenha autonomia com o próprio cuidado, como tomar banho ou escovar os dentes, e na organização de seus pertences, quarto ou material escolar. Além disso, a criança já pode (e deve!) ajudar nas tarefas domésticas, conforme vou demonstrar para você no nosso próximo capítulo.

Agora, se seu filho de 7 anos ainda não consegue ter essa autonomia, não é preciso se culpar (até porque vamos aprender aqui como desenvolvê-la), mas vale a pena refletir: será que você não o tem estimulado adequadamente? Ele apresenta alguma limitação ou dificuldade? Ou demanda a sua ajuda no sentido de ter mais da sua atenção? Coloque aqui abaixo as suas hipóteses:

....

....

....

....

E uma vez que você identificou as eventuais razões pelas quais seu filho ainda não é tão independente como poderia ser, é importante encorajar essa autonomia, visto que ela contribui para o desenvolvimento social e cognitivo, para a aquisição de habilidades sociais e de resolução de problemas e para o desenvolvimento da autoconfiança, autoestima e persistência.

* Parte fundamental do nosso papel de pais ou mães é nos tornarmos desnecessários na vida dos nossos filhos.

Como desenvolver a autonomia na criança

Você pode estimular a realização das atividades cotidianas, como se vestir sozinha ou organizar os brinquedos. São pequenas atitudes que com certeza terão grandes efeitos no desenvolvimento e no futuro do seu filho.

Ofereça pequenas escolhas adequadas à idade da criança, como decidir que roupa vai vestir ou se vai colocar o pijama antes ou depois de escovar os dentes. Sim, eu sei que nem sempre você vai concordar ou gostar da escolha que a criança fez. Mas, quando isso acontecer, é preciso respirar fundo e lembrar que uma roupa que não combina é menos importante do que ensinar independência e autonomia para o futuro. Concorda?

Estimule a resolução de conflitos com os amigos ou irmãos. Embora seja muito importante conversar com seu filho e orientá-lo sobre como poderia resolver a situação, evite resolver por ele esse tipo de problema.

Por fim, **elogie e encoraje sempre**. Isso mostra ao seu filho que ele é capaz e o estimula a continuar evoluindo e a realizar cada vez mais atividades e tarefas domésticas.

Brincar autônomo

Você também pode ensinar à sua criança o brincar autônomo, processo que envolve quatro etapas:

1. **Brincadeira ativa:** você brinca ativamente com a criança, fazendo pequenas pausas em que se retira para tomar um copo de água, por exemplo, avisando-a todas as vezes, e retornando antes que ela venha a te solicitar. Posteriormente, você passa para a segunda etapa.
2. **Presença passiva:** você ainda permanece ao lado, mas deixa a criança conduzir a atividade, fazendo pausas cada vez mais longas, sempre avisando e retornando antes que ela solicite.
3. **Ausência suportiva:** você está ausente, na cozinha, por exemplo, mas dando suporte e conversando com a criança, que está brincando a alguns metros de distância, na sala.
4. **Ausência total:** você avisa a criança para chamá-lo quando, e se, precisar, deixando-a brincar sozinha sem a intervenção de um adulto.

Faz sentido para você? Espero que sim! Até porque todo esse processo que você ensinou em relação à brincadeira autônoma pode (e deve!) ser utilizado também para outras atividades da vida do seu filho, por exemplo, as tarefas escolares.

No próximo capítulo, veremos quais tarefas e atividades são adequadas para cada idade.

CAPÍTULO 26

Tarefas domésticas: como meu filho pode ajudar em casa?

Muitas vezes, por falta de tempo ou por acreditar que as crianças não as farão da melhor forma possível, nós as impedimos de realizar algumas tarefas domésticas. Mas ajudar em casa traz inúmeros benefícios para o desenvolvimento do seu filho e para a rotina familiar.

O primeiro grupo de benefícios são *cognitivos*, pois ajudar em casa traz para a criança a noção de planejamento, organização, sequência temporal e rotina, habilidades essenciais para a vida escolar e para a vida adulta. É claro que, como tudo na vida dos nossos filhos, precisamos, primeiro, ensinar para depois demandar que realizem a tarefa sozinhos.

No caso da organização e do planejamento das atividades cotidianas, primeiro os auxiliamos a entender qual é a melhor sequência para realizar as tarefas, porém, gradativamente, podemos deixar que eles façam pequenas escolhas, decidindo, por exemplo, se vão brincar antes ou depois de realizar as demandas escolares. E, com isso, ensinamos ainda:

* **Responsabilidade:** é importante dar à criança pequenas responsabilidades para ela aprender a exercer essa habilidade. Uma boa forma de fazer isso, sem ter que ficar lembrando ou cobrando seu filho o tempo todo, é dar atribuições que tenham consequências para ele, como colocar as roupas no cesto para lavar. Nesse caso, se ele não colocar as roupas para lavar, vai experimentar as consequências de não ter roupas limpas e vai, gradativamente, adquirir o hábito. E, mais ainda, ele vai começando a perceber que as coisas não se organizam e não acontecem num passe de mágica. Vai aprendendo a reconhecer e valorizar o que o pai, a mãe e as outras pessoas fazem por ele.
* **Habilidades para a vida:** é o que vem depois que a criança começa a exercitar a responsabilidade. Ela começa a ter noção de como cozinhar, passar uma roupa, lavar uma louça, enfim, noções de limpeza, de planejamento financeiro e compras, por exemplo, que são habilidades importantes para a vida futura dos pequenos.
* **Coordenação motora:** trata-se de outra habilidade desenvolvida ao estimular a criança a ajudar em casa. Lavar a louça, colocar comida para o cachorro, dobrar as roupas, arrumar a cama são todas atividades que desenvolvem a coordenação motora das crianças, habilidade muito importante para o aprendizado escolar e o traçado das letras.

Ajudar nas tarefas domésticas ensina as crianças a terem mais *autonomia, autoconfiança* e *autoestima*.

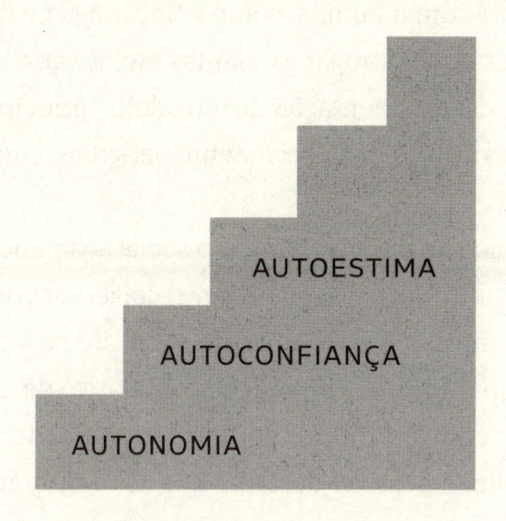

```
        AUTOESTIMA
     AUTOCONFIANÇA
   AUTONOMIA
```

Na figura é possível perceber que autonomia, autoconfiança e autoestima são os três degraus da mesma escada. Isso acontece porque quando se ensina à criança a fazer algo sozinha e ter autonomia, ela passa a se sentir confiante, sentir que é capaz, e, com isso, desenvolve um senso de realização que vai contribuir para seu amor-próprio e uma boa autoestima. E quem não quer um filho com boa autoestima, não é mesmo?

Mas justamente para que as crianças desenvolvam autonomia, autoconfiança e autoestima, as tarefas devem estar adequadas ao nível de desenvolvimento de cada uma delas. Do contrário, só vai provocar mais estresse e frustração quando elas não conseguirem realizar aquilo a que se propõem.

E para esse tipo de contribuição e colaboração no contexto em que vivem, diria que os 6 ou 7 anos são uma idade crucial, visto que nessa idade as crianças começam a desenvolver empatia e a se preocupar com as demais pessoas ao seu redor. Por isso é a melhor fase para já adquirir gradativamente responsabilidades em casa e com a família, como colocar água e ração para o cachorro, pôr a mesa, regar as plantas etc. É claro que sempre com a supervisão e orientação de um adulto, principalmente ao iniciar tarefas novas e potencialmente perigosas, como lavar copos de vidro.

Situar o pico de desenvolvimento social aos 7 anos não significa que seu filho não possa (nem deva) colaborar com as tarefas domésticas antes disso. De maneira geral, até os 5 ou 6 anos, o que deve tomar forma é um processo gradativo de autocuidado e de cuidado com os próprios pertences, sempre de acordo com a idade. Assim, é possível destacar que aos 2 ou 3 anos a criança poderia, por exemplo, jogar a fralda suja no cesto; aos 4 ou 5 anos, organizar seus brinquedos e livros e trocar de roupa; aos 6 anos, ela poderá arrumar o quarto.

Importante lembrar que a colaboração da criança não deve ser colocada como punição, como se arrumar o quarto fosse um castigo, e não uma forma de contribuição social. É preciso, ainda, ter em mente que nem sempre a criança vai fazer perfeito ou correto das primeiras vezes, mas é importante elogiar seu esforço. O reconhecimento do esforço dos filhos fará com que se sintam mais confiantes e competentes, inclusive na vida adulta.

Mas será que devemos remunerar a realização das tarefas domésticas? Esse é o tema do nosso próximo capítulo. Até lá!

O reconhecimento do esforço dos filhos fará com que se sintam mais confiantes e competentes.

*

CAPÍTULO 27

Mesada: dar ou não dar? Eis a questão

Para começar, queria compartilhar com você uma experiência pessoal com esse tema. Éramos três irmãos e, é claro, entre outras confusões também presentes entre nós, a briga pelo canal de televisão (a única da casa) era comum. Lembro também que a gente ganhava mesada da minha mãe: a mesma quantia e no mesmo esquema, tanto para mim quanto para minha irmã mais velha, que éramos adolescentes e já queríamos comprar uma blusinha ou nossas próprias coisas, e também para o meu irmão, que ainda era criança e gastava tudo em brinquedo no bazar perto de casa.

Mas um dia meu pai teve uma ideia que, para ele, serviria para nos ensinar cooperação, valor do dinheiro e autoavaliação. Ele criou uma planilha de comportamento, e a cada mês um de nós registrava, diariamente, nosso próprio comportamento e o dos nossos irmãos, para, ao fim do mês, fazermos uma conta de quanto essas pontuações se reverteriam em mesada para a gente.

O que você acha que aconteceu entre mim e meus irmãos com a utilização da tal planilha?

....

....

....

Bem, ela se tornou objeto de chantagem entre nós. "Se você não brincar comigo, vou te dar nota baixa!" Os conflitos só aumentaram, e não posso falar pelos meus irmãos, mas, pessoalmente, eu me sentia muito injustiçada. Mesmo adolescente, não concordava com aquela prática educativa. Eu não concordava com o fato de a mesada se tornar uma forma de chantagem. Uma moeda de troca por bom comportamento.

E, hoje, após mais de vinte anos de estudo sobre o desenvolvimento infantil e orientação de famílias, acrescento ainda mais coisas a essa lista: a mesada também não pode ser trocada nem pela realização de tarefas domésticas. Sei que se trata de uma prática comum em muitas famílias, mas acredito que a colaboração com a família, o senso de cooperação e ajuda mútua devem ser desenvolvidos independentemente de remuneração financeira, senão corremos o risco de criar crianças interesseiras, que só estão dispostas a ajudar os outros se receberem algo em troca.

Não acredito que a gente deva remunerar aquilo que é responsabilidade dos nossos filhos: arrumar o quarto, tirar a mesa, estudar para a prova e quaisquer outras tarefas que já tenhamos combinado com eles.

Isso não significa, é claro, que não possamos combinar a remuneração por alguns trabalhos extras realizados por eles. Na verdade, acredito que temos aqui três dimensões que devemos considerar ao pensar pelo o que e em quanto remunerar os nossos filhos:

1. Quando se trata de cumprir suas obrigações e responsabilidades com a coletividade, crianças e adolescentes precisam aprender a realizar independentemente de remuneração;
2. Já ganhar mesada e administrar o dinheiro deve ser entendido como uma forma de educação financeira que ensina sobre ganhos e gastos, independentemente da realização de tarefas ou obrigações;
3. Por fim, receber por atividades extras que ultrapassem suas obrigações, conforme o interesse, a disponibilidade e a idade da criança, tal como ajudar a lavar o carro, por ser uma prática interessante tanto para ela quanto para os pais.

Lembrando aqui que criança não trabalha! Então, tome cuidado com as tarefas escolhidas e deixe claro para o seu filho que a participação dele é uma colaboração, não uma forma de transferir uma responsabilidade que é do adulto.

Como e quanto remunerar?

Essa é uma pergunta recorrente da maioria das famílias, mas, como tudo neste livro, não tem uma resposta predefinida, visto que depende da idade/desenvolvimento do seu filho, e, principalmente, dos valores da sua família.

Mas, de maneira geral, a periodicidade tem a ver com a idade da criança, pois a cada idade o cérebro consegue esperar por determinado período, e só assim a mesada fará sentido para ela. Além disso, deve-se estabelecer um dia e uma quantia certa para o recebimento da mesada, pois isso traz organização e rotina ao pensamento infantil, além de evitar que a criança fique muito ansiosa ao não saber quando e quanto vai receber.

Não vejo muito benefício em dar mesada (ou semanada) para crianças de até 6 ou 7 anos, pois até essa idade o pensamento infantil ainda necessita do concreto, sem compreender a noção abstrata do valor do dinheiro.

Mas se ainda assim, sobretudo se tiver filhos maiores, fizer sentido para você e sua família remunerar uma criança antes dos 7 anos, sugiro iniciar com um valor mais baixo e semanal. E também comprar uma carteira e/ou cofrinho para essa criança conseguir se organizar com o dinheiro.

A partir dos 6 ou 7 anos é possível aumentar um pouco o valor financeiro, mas manter a periodicidade semanal, entregando o dinheiro preferencialmente no fim de semana, visto que são dias facilmente percebidos pela criança pela mudança de rotina.

Já aos 8 ou 9 anos pode-se passar para o recebimento quinzenal, e a partir dos 10 ou 11 anos, para o recebimento mensal. Em termos de educação financeira, o importante aqui é que a criança perceba a relação de troca entre seu dinheiro e aquilo que ela deseja. Por isso, com a mesada, precisamos oferecer orientações sobre como economizar ou gastar, por exemplo.

Quanto à quantia a ser recebida, não existe padrão nem valor fixo. O importante é que os pais possam utilizá-la também de modo a deixar claro para o filho o nível econômico da família.

Por fim, se fizer sentido para você, é possível estabelecer regras e combinados sobre a utilização da mesada, lembrando sempre, é claro, que a mesada não deve ser usada para aquilo que é necessidade da criança, como comprar lanche na escola, especialmente quando a criança ainda é pequena.

"Mas por quê, Dani?" Para não correr o risco de a criança tomar a decisão de trocar o lanche pelo dinheiro. Na infância, a mesada também não deve contemplar roupas, sapatos e muito menos atividades extras, como futebol, natação e inglês.

Na adolescência, é diferente. Se o adolescente quer comprar roupas de grife, pode usar o dinheiro da mesada para complementar aquilo que os pais gastariam com ele.

Como visto, não há uma regra sobre o tema, pois vai depender do estilo de vida da família, da condição dos pais e da realidade de cada criança. Mas a prática é defendida por muitos especialistas, que recomendam a mesada como um artifício para abordar as questões do dinheiro, visando a praticar a educação financeira. Diante disso, minha maior recomendação é planejar com calma, sempre entendendo as necessidades e o comportamento de seus filhos.

CAPÍTULO

28

Pequenos furtos e mentiras das crianças: o que fazer?

É muito comum que crianças entre 6 e 11 anos experienciem, pelo menos uma vez, os comportamentos de furtar algo ou mentir para os pais. Geralmente esse é um comportamento usual da criança que está conhecendo e testando as regras e o mundo à sua volta. Porém, à medida que percebem as consequências negativas de agir assim, tendem a não repetir tais atos. Certamente você, pai ou mãe, também passou por uma experiência dessas na sua infância e aprendeu com ela. Então relembre e registre aqui o que houve e quais foram as consequências para o seu comportamento:

....
....
....
....
....

Apesar de tais comportamentos serem comuns nessa faixa etária, não significa que não possam ocorrer pequenos furtos ou mentiras com crianças menores, ainda que com objetivos e/ou motivações muito diferenciados.

Antes dos 3 anos, as crianças ainda estão aprendendo a linguagem e podem mentir por se confundirem em seu relato, ou para escaparem de alguma punição. Entretanto, ainda não têm a noção bem estabelecida de certo e errado, sem más intenções, ao mesmo tempo que se tornam muito possessivas em relação aos seus próprios pertences.

Entre 3 e 5 anos, as crianças ainda não diferenciam fantasia e realidade e podem vir a mentir por realmente acreditarem na história que estão contando, ou para escapar de punições, como na fase anterior. Também ainda não entendem o conceito de propriedade privada e podem vir a furtar objetos não com base em seu valor financeiro, mas no interesse que despertam nela.

Mas é a partir dos 6 anos que a criança precisa efetivamente passar a entender, por meio das consequências de seus comportamentos, que ela deve respeitar as regras e as posses dos outros, e que mentir e furtar é errado.

Independentemente da idade, as crianças devem ser confrontadas em quaisquer situações de furtos ou mentiras, e aprender o que é certo ou errado segundo os valores de sua família. É fundamental também que façam a reparação do erro, devolvendo o objeto e pedindo desculpas, por exemplo, sempre de acordo com a idade, mas nunca sendo expostas a nenhum tipo de situação vexatória; afinal, estão aprendendo, não é mesmo?

Agindo desse modo, geralmente bastará uma ocorrência para a criança chegar a essa compreensão, porém existem outros fatores que podem levá-la a continuar mentindo ou furtando, como:

* expectativas muito altas dos pais, que as faz mentir sobre as notas, por exemplo;
* disciplina familiar inconsistente, sem regras e consequências claras que mostrem para a criança que mentir e/ou furtar é errado;
* baixa autoestima e necessidade de receber atenção dos colegas ou dos adultos por meio de mentiras ou posses;
* pressão dos colegas e necessidade de ser incluído no grupo de alguma forma, ainda que seja comprando os amigos ou se destacando pelo mau comportamento.

E tudo isso deve ser sinal de alerta para você, pai ou mãe, buscar a ajuda de um psicólogo infantil, sobretudo quando o ato de furtar ou mentir estiver associado a estes outros fatores:

* é um comportamento muito frequente;
* a criança não demonstra arrependimento;

* a criança não tem amigos;
* a criança tem outros problemas comportamentais, como maltratar os animais, problemas de sono, hiperatividade ou mais problemas psicológicos.

Antes de seguirmos para o próximo capítulo, conte aqui se você já enfrentou essa situação, ou como a enfrentará caso ela ocorra.

CAPÍTULO
29

Socorro, meu filho não quer escovar os dentes nem tomar banho!

Além de testarem as regras do mundo – chegando mesmo a mentir ou a furtar, como vimos no capítulo anterior –, as crianças de 6 a 11 anos questionam as regras familiares e passam por um novo pico de autonomia semelhante ao que enfrentaram aos 2 ou 3 anos (para mais detalhes sobre os incríveis 2 anos, retornar ao Capítulo 9). Tudo isso, aliado às mudanças corporais e hormonais e às dificuldades e vergonha desse novo corpo, se reflete em seu próprio autocuidado e nas recusas para tomar banho, escovar os dentes ou realizar outros atos de higiene pessoal.

Além disso, vimos que nessa idade a criança passa um pouco mais de tempo envolvida nas telas e/ou em outras brincadeiras, recusando-se a interromper as atividades para ir para o banho, por exemplo. Então, como nós, pais, devemos agir?

1. **Compreensão.** Primeiro você deve entender que esse é um movimento normal e esperado para a idade. Que deve, sim, ser superado, mas que não vamos conseguir resultado com brigas, xingamentos ou punições. Também não se recomenda chantagear a criança para a realização do autocuidado, que deve ser uma atividade rotineira e prazerosa, e não algo a ser recompensado, concorda comigo? Por fim, também não devemos, em hipótese alguma, expor a intimidade da criança, nem em tom de brincadeira, dizendo que ela não toma banho nem escova os dentes. Lembre-se de que nessa idade ela está experienciando certa vergonha do próprio corpo, então deixá-la mais inibida ainda em nada ajuda, só atrapalha todo o processo.
2. **Modelo e diálogo.** É muito importante que você mostre e verbalize para a criança o quanto gosta de tomar banho e de realizar o próprio autocuidado, por exemplo, mas sem recair em sermões ou palestras sobre a necessidade do banho, que só deixarão seu filho ainda menos disposto às atividades.
3. **Estabeleça uma rotina que inclua os hábitos de higiene.** Quanto mais essas práticas se tornarem um hábito, mais automaticamente seu filho as realizará, gerando do muito menos estresse e conflitos entre vocês.
4. **Torne o momento da higiene divertido.** Muitas vezes, como vimos, o que dificulta a ida da criança para o banho, por exemplo, é o fato de ela precisar interromper alguma atividade mais prazerosa. Porém, o próprio momento do banho pode ser interessante, levando brinquedos, desenhando no box, ou até criando uma playlist para essa atividade.

5. **Esteja presente.** Torne o banho um momento de conversas prazerosas e relaxantes, sem prejudicar a autonomia do seu filho, que, a partir dessa idade, já deve ser capaz de tomar banho sozinho.

Agora, caso você já esteja utilizando todas essas ferramentas, e ainda assim a oposição aos hábitos de higiene continue muito intensa e frequente, é preciso procurar um psicólogo infantil e investigar o que está acontecendo. Isso porque podemos estar diante de uma criança com características de transtorno opositor desafiador, ou que seja mais sensível a algo relacionado ao banho, ou ainda que tenha experienciado algum tipo de trauma com água, por exemplo. Então, se achar necessário, não hesite em buscar ajuda.

Agora me conta: esta seção sobre o desenvolvimento da criança de 6 a 11 anos fez sentido para você? Coloque abaixo os seus principais aprendizados e reflexões a respeito desse período tão desafiador na educação dos filhos.

PARTE
5

Psicologia aplicada para os pais

CAPÍTULO
30

E depois de tudo isso, como agir com seu filho?

Até aqui, você que é pai ou mãe já percebeu que o comportamento do seu filho depende muito da maneira como você se relaciona com ele e da fase (ou ciclo) de desenvolvimento em que ele esteja. Você também já aprendeu a lidar com algumas demandas específicas (várias na verdade, né?) do dia a dia.

Antes de terminar este livro, eu não poderia deixar de abordar alguns pilares e ferramentas de educação de filhos que servem para todas as situações imprevistas que você pode vir a enfrentar. Elas servem, principalmente, para prevenir tais eventos. Acredito que ao longo deste livro você tenha percebido que a minha abordagem está sempre muito mais focada em evitar as crises do que em precisar lidar com elas.

E eu sei também que se você buscou este livro é porque está cansado de falar e não ser ouvido/obedecido. Sei também que, muitas vezes, no calor da emoção, você acaba gritando e tendo atitudes das quais depois se arrepende. Então pede desculpas, conversa, explica e promete a si e ao seu filho que vai melhorar. Tenta, estuda, se esforça, respira, mas parece que as mudanças que você tanto quer não acontecem! E, enquanto isso, o tempo está passando, seu filho está crescendo e sua relação com ele ficando cada vez mais difícil!

Pois bem, se este foi o cenário revelado por uma câmera escondida na sua casa (brincadeira!), tenho que te dizer, pai ou mãe, que provavelmente você está preso no *ciclo permissividade-castigo*! Calma que eu vou te explicar o que isso significa.

PERMISSIVIDADE   CASTIGO

Ele começa quando você fala, fala, fala e seu filho não escuta. Então você grita, briga, castiga, e é só assim que ele te obedece. Dessa forma, você está treinando a criança para te obedecer só quando grita ou briga. Porém, quando você faz isso, se sente mal, se arrepende, e, muitas vezes, ao perceber que exagerou, acaba também cedendo naquilo que a criança queria. Afinal, que mal faz uma única bolachinha antes do jantar? Ou usar o chinelo em vez do tênis que você pediu para colocar?

E, na verdade, em termos de desenvolvimento físico, o prejuízo é realmente muito pequeno, mas, quando consideramos prejuízos emocionais, entendemos que esse ciclo sem fim (porque na próxima vez seu filho vai agir da mesma forma, com insistências para você ceder; e você, perdendo a paciência, vai se exaltar, brigar, punir; e, depois, provavelmente se arrepender e ceder) ensina à criança que:

1. **Violência é uma forma de resolver problemas.** Já que é essa a maneira como você mesmo age para fazê-lo te obedecer, então não se espante se, pelo seu modelo, ele também passar a usar a agressividade para lidar com as dificuldades que encontrar em seu dia a dia.
2. **Quem ama agride.** Já que é você – a principal figura de referência da vida do seu filho – que está gritando, brigando, punindo, e às vezes até agredindo fisicamente, alegando que é para o próprio bem dele. Percebe aqui o mesmo padrão estabelecido num relacionamento abusivo?
3. **Não há espaço para o diálogo.** Já que é o adulto que dita as regras e que deve ser imediatamente obedecido pela criança sem reclamar; caso contrário, ela será punida.
4. **Regras são arbitrárias.** Elas dependem do humor do adulto, que ora as faz cumprir, ora cede. Dependem de ele estar mais estressado, cansado etc. Com isso, a criança não aprende a importância das regras e a necessidade de mantê-las, mas sim a ler os sinais que o adulto lhe dá sobre seu estado emocional e a identificar os melhores momentos de lhe fazer determinados pedidos. Não estou dizendo aqui que nós, adultos, não temos sentimentos, ou que devemos escondê-los das crianças, muito pelo contrário. Inclusive essa é a razão pela qual o próximo capítulo se destina a algumas ferramentas necessárias para você, pai ou mãe, olhar seus sentimentos, pensamentos e desejos para além de sua paternidade ou maternidade.

O que quero destacar é que justamente por sermos os adultos da relação precisamos aprender primeiro a lidar com as nossas questões para podermos ser modelo e ensinar as crianças, concorda comigo?

5. **Ela está sempre fazendo tudo errado.** Quando estamos sempre brigando, punindo e castigando as nossas crianças, é isso que ensinamos a elas. Se a criança está sempre sendo castigada e punida por suas ações, isso certamente vai se refletir em baixa autoestima e insegurança na vida adulta.

"Tá certo, Dani, até agora você só falou o que não fazer, mas, então, o que fazer?"

Calma, assim como trouxe os cinco principais erros que não se deve cometer na educação dos filhos, quero trazer agora os *cinco pilares* para ter uma boa relação com eles. São os cinco pontos fundamentais para você colocar em prática no seu cotidiano, e que, como eu disse no início do capítulo, certamente vão prevenir muitas dificuldades por aí. Mas se ainda assim os problemas aparecerem, nos dois próximos capítulos vou te trazer um conjunto de ferramentas para utilizar consigo e com seus filhos, de acordo com as suas características, a idade deles e os valores de sua família. E quais são esses cinco pilares fundamentais, com base em todas as descobertas da Disciplina Positiva?

1. Exemplo e foco na relação

Seja modelo do que quer ensinar e trate a criança com respeito. Ouvir e valorizar a opinião da criança não significa, como muitos dizem por aí, fazer tudo o que ela quer. Significa apenas ouvir o que ela tem a dizer, pois criança tem querer, sim! Isso inclui até explicar a ela por que não pode fazer aquilo naquele momento. E tudo isso sem ferir a dignidade e autoestima dela.

Em uma situação prática do dia a dia, isso significa que em vez de desligar a televisão, brigar com o filho para dormir ou ainda chamá-lo de desobediente e reclamão, diga para a criança: "Sei que o programa de televisão está legal, e que você gostaria de assistir, mas, infelizmente, está na hora de dormir e você tem aula amanhã". E então deixe-a reclamar e argumentar, entendendo que está tudo bem ela não concordar com a regra, mas que precisa segui-la. Percebe a diferença?

Agora é a sua vez! Utilize as linhas a seguir para expressar como você pretende mudar seu jeito de agir em alguma situação que enfrenta com seu filho: hora do banho, das tarefas, enfim, algo particular à sua família. Não deixe de registrar suas ideias aqui, pois é a partir desse registro que o seu cérebro vai estabelecendo um novo padrão de ação.

"Ah, Dani, mas eu falei desse jeito e minha criança não colaborou!" Eu te entendo, mas é nesse ponto que reside o nosso segundo pilar, afinal ninguém aprende algo da primeira vez e sem nenhuma dificuldade.

2. Erro é oportunidade de aprendizagem

Você deve ter a percepção do erro como oportunidade de aprendizagem, e isso vale tanto para você quanto para a criança. Se você acredita que errou ou exagerou com ela, peça desculpas e aproveite para ensinar a ela que ninguém é perfeito, mas que o fundamental é saber reconhecer as próprias falhas, pedir desculpas e, principalmente, melhorar o comportamento.

Agora, se foi a criança que cometeu um erro, vale uma frase de que gosto muito: "Disciplinar é ajudar a criança a resolver um problema, punir é fazer a criança sofrer por ter um problema".[18]

Então, em vez de simplesmente punir ou castigar a criança (lembre-se de que ela é um ser em desenvolvimento), repita com ela esse mesmo movimento de reconhecer os erros e pedir desculpas. Agora, aspectos relacionados a mudanças de comportamento já são assunto para o terceiro pilar.

---

[18] KNOST, L. R. *Two thousand kisses a day*: gentle parenting through the ages and stages. EUA: Little Hearts Books, 2013.

3. Foco na solução

Busque com a criança, e de acordo com a idade e o nível de maturidade dela, uma solução para a mudança de comportamento. Se o problema for atraso para chegar à escola, por exemplo, não se concentre em brigar com a criança nem em a chamar de preguiçosa e irresponsável. Converse com ela e busquem juntos alternativas: dormir mais cedo, acordar um pouco mais cedo, deixar o material e lanche organizado no dia anterior etc.

Não se esqueça: um diálogo é um diálogo. Então, ouça a opinião da criança ao estabelecer combinados, e não regras unilaterais que ela simplesmente precisará cumprir sem reclamar.

"Mas, Dani, e se eu combinar, e a criança não cumprir?" Lembre-se de que o erro é uma oportunidade de aprendizagem e o foco está na solução. Então é isto que você deve fazer: refletir por que a criança não está cumprindo o combinado e buscar alternativas.

4. Sem castigos e punições

Não puna nem castigue seu filho, foque apenas as consequências relacionadas ao problema, e tudo de maneira respeitosa e revelada com antecedência. Na prática, isso significa que não adianta brigar e gritar com a criança por ter acordado atrasada para a escola, mesmo depois de você ter combinado um horário com ela.

Ao fazer o combinado, você deve estabelecer uma consequência caso ela não o cumpra. Isso pode ser, por exemplo, perder o dia de aula com os amigos e ficar no seu escritório estudando. O detalhe aqui é que a consequência não seja prazerosa para a criança (p. ex., ficar em casa vendo televisão), mas também não pode colocar em risco a integridade física dela (p. ex., ficar em casa sozinha) nem colocá-la em uma situação emocionalmente desrespeitosa ou vexatória (p. ex., ter de ir para a escola de pijama).

Não se esqueça: não é uma ameaça nem uma punição, e sim uma consequência respeitosa e previamente estabelecida. O que nos leva ao quinto pilar.

5. Conexão antes de correção

Quando temos um vínculo bem estabelecido com qualquer pessoa, tudo aquilo a respeito de que falamos tem muito mais sentido. Então, mais do que se concentrar em corrigir a criança, tenha como foco criar um bom vínculo com ela. Assim ela perceberá que você está falando tudo aquilo porque a ama e quer o melhor para ela.

CAPÍTULO 31

Ferramentas que podem ajudar você!

Como eu disse, a relação com seu filho começa e passa por você. Então, como o adulto da relação, você precisa ter maturidade emocional e aprender a lidar com os seus sentimentos e comportamentos para poder servir de modelo para ele.

Contudo, sei também, e venho destacando essa questão ao longo do livro, que sua história, seus valores e a própria educação que você recebeu dos seus pais interferem nas suas práticas parentais com seus filhos. Seja para repetir o que acredita que funcionou com você, seja para evitar as situações que te causaram algumas feridas emocionais. Por isso, a primeira ferramenta que deve funcionar para você é justamente a que vou apresentar a seguir.

1. Olhar para suas faltas e feridas

Revisite a sua história, tudo aquilo que você vivenciou quando criança, suas feridas emocionais, tudo aquilo que foi difícil e que gostaria de fazer diferente com seus filhos. Aproveite as linhas a seguir e registre a sua reflexão:

....
....
....
....
....
....

A ideia não é se revitimizar e sofrer com o passado, e sim reelaborá-lo, curar sua criança interior e, sobretudo, *perdoar seus pais*. Assim como você, eles estavam aprendendo a ser pais, e certamente aprendem ainda a cada dia a ser pais da pessoa que você tem se tornado.

Então, a menos que seus pais tenham uma personalidade extremamente narcisista, ou cometido algum abuso grave durante sua infância, é necessário perdoá-los e entender que fizeram o melhor possível. Erraram? Com certeza, mas também já vimos que o erro é uma oportunidade de aprendizagem.

Faltou algo para você? Talvez, mas a estratégia aqui é, em vez de procurar culpados, tentar fazer cada vez melhor com seus filhos. Concorda?

O erro é uma oportunidade de aprendizagem. *

"Sim, Dani, eu concordo com você, mas ainda é difícil olhar para a minha história e perdoar meus pais." Realmente isso não será fácil ou rápido, mas eu proponho um exercício que vai te ajudar. Escreva uma carta para os seus pais (nas páginas 197 e 198, há um modelo que você consegue usar e recortar). Coloque nela tudo o que você tem ou já teve vontade de dizer a eles, sem culpas nem julgamentos, simplesmente escreva e passe para o papel (tirando do seu coração) qualquer tipo de mágoa ou ressentimento.

Agora que já escreveu e, de alguma forma, pôde aliviar seu coração, finalize o ritual da maneira mais significativa para você: pode simplesmente guardá-la para retomar a leitura de tempos em tempos, pode lacrá-la num envelope para abri-la novamente após um período por você estipulado, pode até queimá-la e/ou rasgá-la, virando definitiva e literalmente essa página da sua vida, ou ainda, sobretudo se seus pais ainda estiverem vivos e lúcidos, retomar alguns desses assuntos com eles, aproveitando para elucidar os mal-entendidos e aparar as arestas.

É você que vai definir o melhor destino para a sua carta (e sua vida), só não deixe que ela interfira na sua relação com seus filhos. E, já que falamos disso, vamos à segunda ferramenta.

2. Buscar o que te falta em você, e não no seu filho

Parece óbvio, mas, na prática, não é bem assim. Muitas vezes, e até sem perceber, buscamos recompensar e proporcionar aos nossos filhos aquilo que nós mesmos não tivemos: o intercâmbio com o qual sempre sonhamos, aquela aula de futebol ou balé que não conseguimos frequentar na infância, ou aquele brinquedo caro que nunca pudemos ter.

Ao agir dessa forma, acabamos errando ao oferecer uma experiência para a qual nosso filho ainda não está maduro, ou alguma atividade que não tenha nenhuma relação com os desejos e personalidade dele e/ou, ainda, tornando-o extremamente materialista (ou mal-agradecido) ao ter tudo o que deseja.

Então, em vez de pensar num intercâmbio para seu filho, faça você a tão sonhada viagem que não pôde realizar. Aprenda a jogar futebol, faça natação, ginástica ou balé, e se concentre em oferecer ao seu filho aquilo que estiver relacionado aos desejos e personalidade dele. E se for o intercâmbio ou o futebol, e se foi isso que você sempre sonhou para o seu filho, que ótimo! Só não coloque nele a responsabilidade e o peso de reescrever a *sua* história.

3. Você é pai/mãe, mas não tem um filho!

Já percebeu que, quando nos referimos aos nossos filhos ou aos filhos dos outros, fazemos isso em tom de propriedade: eu *tenho* dois filhos! Parece só uma questão de terminologia, mas ela vem carregada de um sentimento de posse que não expressamos em outras relações, ao dizer, por exemplo: sou casado. Pois bem!

Seus filhos não são e não devem ser vistos como sua propriedade. Você é, sim, mãe ou pai, porém, deve ter consciência de que eles são (e devem ser) livres para ter os próprios desejos, personalidade e alçar os próprios voos.

Nesse sentido, há uma reflexão de Madre Teresa de Calcutá que é muito significativa para mim, e que quero partilhar com você:

> *Os filhos são como as águias, ensinarás a voar, mas não voarão o teu voo. Ensinarás a sonhar, mas não sonharão os teus sonhos. Ensinarás a viver, mas não viverão a tua vida. Mas, em cada voo, em cada sonho e em cada vida permanecerá para sempre a marca dos ensinamentos recebidos.*[19]

Então, ensine a ele, sobretudo, a ter honestidade emocional.

4. Honestidade emocional com os filhos

Sei que utilizar todas as ferramentas que apresentei nem sempre será fácil. Somos seres humanos que precisam, sim, buscar sermos cada vez melhores, mas temos nossos próprios gatilhos e dificuldades. Então perceba e lide com isto: compreenda aquilo que mais te angustia ou te irrita na sua relação com seus filhos. Aproveite e escreva a seguir quais são essas situações.

---

19 CALCUTÁ, Madre Teresa de. Madre Teresa de Calcutá e o poema "Ensinarás a voar". *Rádio Rio de Janeiro*. Disponível em: http://radioriodejaneiro.digital/blog/madre-teresa-de-calcuta-e-o-poema-ensinaras-voar/. Acesso em: 13 maio 2025.

E aprenda a lidar com esses gatilhos. Tire um tempo para se acalmar, tome um banho antes de ter aquela conversa importante, relaxe por alguns minutos assim que chegar do trabalho, enfim, faça o que for preciso para que esses gatilhos não prejudiquem sua relação com seus filhos.

Porém, se ainda assim estiver difícil para você, seja honesto! Diga aos seus filhos (de acordo com o nível de desenvolvimento e a maturidade emocional deles) que você está tentando, mas que mesmo assim existem situações que ainda são bem difíceis para você, e, inclusive, peça ajuda. Diga para que eles te sinalizem (com muito respeito e consciência, é claro) quando você estiver ultrapassando algum limite e gritando demais, por exemplo. Pedir ajuda, seja da própria criança, seja da sua rede de apoio, é fundamental.

5. Rompa com o perfeccionismo

Não precisamos ser perfeitos, nem cobrar perfeição dos nossos filhos. Essa busca nos faz passar por cima de nós mesmos, dos outros, e perder o equilíbrio emocional. Vamos errar em alguns momentos, e está tudo bem! O erro é uma oportunidade para a aprendizagem, lembra? Então, o importante é analisar o que nos fez tropeçar, para então corrigir a rota e continuar, pedindo ajuda quando necessário, seja da criança, seja da sua rede de apoio, conforme mencionado.

Um destaque aqui é que nem sempre sua rede de apoio vai poder te ajudar da maneira como você gostaria, e frequentemente a sua realidade também não será do modo como você sonhou. Pode ser que a sua criança seja mais brava ou que durma menos do que você imaginava ou, ainda, que você não tenha conseguido aquele emprego dos sonhos para ter a flexibilidade de horário ou a renda para garantir à sua família tudo o que previu. E está tudo bem!

Muitas vezes, aquilo de que a gente mais precisa é um espaço e alguém com quem desabafar. Então recorra à sua rede de apoio, e neste caso não à criança, para falar um pouco de você, dos seus sonhos, medos e desejos. Não tem um adulto com quem partilhar? Use as linhas a seguir e escreva tudo aquilo que te angustia ou que gostaria de partilhar com alguém:

Agora releia o que escreveu e perceba o quanto desses medos, receios e angústias estão mesmo presentes neste momento da sua vida, ou se eles se referem ao futuro. O que percebo nas muitas famílias que atendo é que geralmente estão tão presas ao amanhã que se esquecem de viver o *hoje*!

Esperam o filho dormir melhor, aprender a andar, sair das fraldas... E, com isso, se esquecem de aproveitar e sentir prazer nos pequenos momentos que o *hoje* nos dá: aquela risada, mais uma palavrinha aprendida, aquele carinho na hora de colocar para dormir.

Isso acontece porque, muitas vezes, estamos mais preocupados em como a sociedade vai nos julgar como pais do que com a nossa relação com nosso filho, o que nos leva à sexta e última ferramenta.

6. A principal relação é entre você e seu filho

O que a sociedade pensa ou quer realmente não importa. Como pais, seremos julgados de qualquer forma: se você der doce antes dos 2 anos, poderá ser julgado como alguém que não se preocupa com a saúde física do próprio filho. Porém, se negar uma balinha ou um docinho numa situação social, será visto como um pai/mãe extremante rígido e inflexível. Se der muito colo, vai ouvir que a criança "ficará mal-acostumada!", se deixar chorar até dormir sozinha, será considerado um pai/mãe insensível.

Então não se trata dos outros, da sociedade e muito menos dos palpiteiros de plantão. E sim apenas dos seus valores de família e daquilo que considera mais adequado para você e para seus filhos. E se tiver alguma dúvida sobre essas questões, não hesite em procurar ajuda profissional para você ou para o seu filho.

Tenho certeza de que este livro já tem te ajudado a conduzir a educação do seu filho de maneira mais segura e tranquila. Mas se surgirem outras dúvidas e angústias, é sempre necessário recorrer a um psicólogo infantil qualificado capaz de apoiar sua criança e sua família. Porém, acredito que as estratégias que vou apresentar no próximo capítulo também servirão para minimizar ou até solucionar muitas das situações que você enfrenta no seu dia a dia. Vamos lá?

Carta para os meus pais

CAPÍTULO 32

Estratégias que podem funcionar com o seu filho

Tem uma frase de Abraham Maslow de que gosto muito e que diz o seguinte: "Para quem só sabe usar martelo, todo problema é um prego".[20] Para mim, essa máxima identifica o grande dilema da educação de filhos na atualidade – só nos deram um martelo!

Ouvimos por aí que não devemos castigar, e sim conversar. Mas esqueceram de dizer que esse martelo não funciona com todas as crianças e idades (nem todas elas são pregos!), e isso nos faz sentir fracassados em nossa paternidade/maternidade. Parece que para nós nada funciona.

Para as "famílias martelo" com "crianças prego" tudo flui perfeitamente, mas, quando não é assim, temos a sensação de que falamos, falamos, falamos e não conseguimos a colaboração dos nossos filhos, e recaímos no ciclo permissividade-castigo

---

20 MASLOW, A. *The psychology of science*. EUA: Harper & Row, 1966.

apresentado no Capítulo 26. Você também tem essa sensação? Registre aqui o quanto, ou como, se sente perdido na educação do seu filho:

....

....

....

....

....

....

Pois bem! Posso te dizer que, ao longo dos meus mais de vinte anos atuando com crianças, adolescentes e suas famílias, fui colecionando uma série de ferramentas (além de martelos) derivadas da minha prática clínica e/ou de tudo que já li e estudei sobre disciplina positiva e educação de filhos. Por isso, a seguir você vai encontrar algumas ferramentas selecionadas por mim e que não pretendem ser mais um martelo, e sim um arsenal de práticas para que consulte e utilize de acordo com a idade, o nível de desenvolvimento e as características da sua criança e/ou os valores e características da sua família.

Mais uma vez, preciso destacar que a ideia não é te oferecer uma receita de bolo; afinal, se nem o bolo, com a mesma receita, feito pela mesma pessoa duas vezes, sai igual, que dirá o desenvolvimento emocional das nossas crianças! Mas a ideia aqui é te fornecer o modo de preparo (além dos ingredientes principais destacados ao longo do livro) para que você possa utilizar a seu modo e conforme sua necessidade. Então vamos lá!

1. Cantinho do sentimento

Preciso fazer uma confissão a vocês: antes de estudar a fundo o desenvolvimento infantil, eu também achava que o cantinho do pensamento fosse uma ótima maneira de lidar com o comportamento das crianças. Sempre fui contra a punição, e achava que o cantinho era uma ferramenta útil. Por isso, como já falei, é importante estudar desenvolvimento infantil para educar o seu filho.

Quando a gente entende que uma criança de 2 a 3 anos é puro movimento, que ainda não consegue ter a clareza das palavras para formar pensamentos sobre as próprias ações, e, mais ainda, que não tem a reversibilidade de pensamento para pensar no que fez e nas consequências disso, percebe que não faz sentido colocar essas crianças no cantinho do pensamento para pensarem no que fizeram.

Então, a alternativa aqui é substituir o cantinho do pensamento pelo que a Disciplina Positiva chama de cantinho da calma, que eu gosto de chamar também de cantinho do sentimento.

O que seria o cantinho do sentimento?

Corresponde a um local preparado com a criança e escolhido por ela com objetos seguros (já que ela poderá estar nervosa) capazes de ajudá-la a se acalmar. O cantinho do sentimento não é um castigo, e sim uma opção à qual você ou a criança podem recorrer quando perceberem que ela está mais agitada ou nervosa. Vocês podem, inclusive, criar uma *palavra da calma*, previamente combinada com a criança e utilizada sempre que perceber que ela está precisando ficar mais calma.

A grande diferença aqui é que, ao contrário do cantinho do pensamento, o cantinho do sentimento é utilizado antes do mau comportamento. Ele serve para a criança se acalmar, identificar e falar a respeito do que está sentindo, e para que vocês possam pensar juntos em como resolver a situação. O cantinho do sentimento não é uma punição nem uma consequência pelo fato de a criança ter se comportado mal, pois isso só provoca ressentimento e retaliação, além de não resolver o problema. Ele serve para você redirecionar a criança. Em vez de só punir, você a ensina como agir em outras situações no futuro ou mesmo a reparar o erro que ela cometeu, como ter jogado os brinquedos no chão.

Conforme a criança vai crescendo, esse processo de pensar no que fez e reparar o erro vai se tornando mais complexo. O fundamental mesmo, quando você usa o cantinho do sentimento, e não o do pensamento, é que você mostra respeito para com a criança. Você deixa claro que a ama independentemente da atitude dela, e mesmo quando ela se comporta mal. Inclusive, e sobretudo nesses momentos, você demonstra que está ali para acalmá-la e ajudá-la, e não para puni-la ou afastá-la. Percebe a diferença?

E este é o mesmo respeito e condução que devemos demonstrar por meio do uso das outras ferramentas.

2. Escolhas limitadas

Sou contrária à posição de que a criança esteja suficientemente madura para fazer algumas grandes escolhas, como a escola onde vai estudar. É claro que a opinião dela e a forma como demonstra se sentir nesse contexto será considerada. Porém, as grandes escolhas da vida de uma criança serão feitas pelos seus pais, porque impactarão fortemente em seu futuro.

Isso não significa que este ser, principalmente após os 2 ou 3 anos, quando começa a formar a própria personalidade e as próprias opiniões, não deva ser ensinado a fazer suas escolhas e a arcar com as consequências. E é neste momento que as escolhas limitadas podem ser utilizadas como ferramentas educativas.

Você não vai deixar essa criança, que ainda não tem maturidade emocional, escolher, por exemplo, se ela vai colocar o casaco ou não (afinal, está frio e chovendo), mas vai perguntar a ela se prefere colocar o casaco azul ou vermelho. Percebe que dessa forma você está ensinando a criança a fazer escolhas, respeitando-as, e ao mesmo tempo garantindo a integridade física e a saúde dela? Conforme o tempo passa e a criança cresce, podemos ampliar o leque de opções disponíveis, mas lembre-se sempre de que não é uma opção a criança não colaborar, apenas escolher *como* vai colaborar.

3. Dizer o que fazer em vez do que não fazer

Se pararmos para pensar, a quantidade de *não* que dizemos a uma criança cotidianamente é imensa. E, se refletirmos um pouco mais sobre nós mesmos, notaremos o quanto o *não* nos leva ao desafio, a mostrar que somos capazes, não é mesmo?

Então, nesta ferramenta, o que te proponho é uma pequena troca: em vez de dizer para a criança: "Não pule no sofá!", diga a ela: "Vem pular aqui no chão comigo". Troque o: "Não risque a parede!" por: "Comprei este papel especialmente para você desenhar".

Quais as outras trocas que você pode fazer por aí? Anote as que realizou com sua criança e os resultados que obteve:

....
....
....
....
....
....
....

4. Trocar o *se* pelo *quando*

Esta é uma pequena troca, mas produz grandes resultados na colaboração da sua criança, e até em sua relação com ela. Quando você utiliza o *se*, na verdade está chantageando a criança e, ao mesmo tempo, dando a opção para ela colaborar ou não: "Se você não guardar os brinquedos, não vai ver televisão!". Se a criança não guardar, o que provavelmente vai ocorrer, já que ninguém gosta de ser chantageado, ela não verá televisão, porém vai poder brincar, pintar, fazer qualquer outra atividade, então a vida segue sem que ela guarde os brinquedos.

Contudo, ao usar o *quando*, você cria na criança um senso de urgência: "Quando você guardar os brinquedos, poderá ver televisão". Aqui não temos a opção de realizar ou não a tarefa, pois é preciso guardar os brinquedos para ver televisão. E, além disso, evitamos a chantagem, o que preserva a relação, e mostramos para a criança que quanto mais rápido ela guardar os brinquedos, mais rápido poderá ver TV. Percebe a diferença?

5. Usar o lúdico e a fantasia

Esta é outra ferramenta muito importante para fazer o seu filho colaborar, isso porque ela é a linguagem da criança! Então, não queira você, o adulto da relação, que a criança entenda a sua lógica e os reais motivos pelos quais ela deve tomar banho, por exemplo. À medida que ela for crescendo, essas noções ficarão cada vez mais claras para ela.

Porém, e principalmente quando se trata de crianças muito pequenas, é preciso que você entenda e utilize a linguagem da criança. Então por que não brincar de reality show culinário e pedir que sua criança prove os pratos do jantar e dê a eles uma nota, para que assim ela consiga comer todos os tipos de alimento com muito mais prazer e rapidez? Teste essas possibilidades (e quaisquer outras que fizerem sentido para sua criança) e depois escreva aqui como foi:

_____

_____

_____

6. Tempo de treinamento

Isso é algo que você não pode esquecer em tudo o que for ensinar e esperar da sua criança. Ninguém nasce sabendo nem aprende tudo de primeira! Nós, adultos, não temos essa habilidade, que dirá nossas crianças, que ainda estão em desenvolvimento físico e emocional. Então, se quiser que seu filho aprenda algo, como se vestir, dedique um tempo ao treino dessa habilidade.

Divida a tarefa em pequenas etapas. Então, ao ensinar a criança a comer sozinha, sirva seu prato, corte os alimentos e encha as colheradas de modo que ela só precise levá-las à boca. Depois, ensine-a a encher cada colherada antes de levar à boca. Aprendidas essas etapas, é hora de aprender a manipular o garfo e espetar os alimentos, depois a utilizar faca, aprendendo a cortar a refeição, depois o garfo e a faca em conjunto, e assim sucessivamente, até que a criança aprenda inclusive a se servir sozinha. Resista à tentação de fazer por ela (com certeza é mais rápido, mas menos eficaz).

Busque treinar essas habilidades em momentos em que não tenham que correr contra o relógio e chegar à escola, por exemplo. Isso só vai provocar estresse para você e sensação de fracasso para o seu filho. Então, aproveite o fim de semana e o jantar, por exemplo.

7. Encorajar e elogiar

Esta é uma ferramenta essencial para tudo o que você precisar ensinar para o seu filho. Como vimos no Capítulo 25, é se sentindo encorajado e elogiado a realizar as atividades que seu filho vai desenvolvendo autonomia, autoconfiança e autoestima. E tenho certeza de que é esse o adulto que você quer que ele seja, não? Mas para que tudo o que você fala tenha peso e sentido para o seu filho, já vimos também, no Capítulo 6, que é preciso conexão. O que nos leva à próxima ferramenta.

8. Tempo de qualidade

Passe um tempo com a sua criança fazendo juntos algo de que ambos gostem. Esse tempo tem que ser prazeroso para você também, pois as crianças percebem quando você está curtindo ou não o momento, e não queremos passar a mensagem de que estar com elas é uma obrigação, um fardo, e não um momento de lazer e afeto.

Se tem algo que eu aconselho muito os pais, e que vai na contramão do que a maioria dos psicólogos prega por aí, é: não brinque com a criança se brincar não é algo satisfatório para você. Não deixe de ter tempo de qualidade com o seu filho, mas faça isso de outras formas, por exemplo, assistindo a um programa, lendo um livro, cozinhando juntos, ou realizando tantas outras atividades de que vocês gostam. Anote a seguir suas ideias, assim você sempre terá à mão um leque de opções:

....

....

....

....

> "Ah, Dani, mas eu tento usar a linguagem da criança, encorajar, passar um tempo de qualidade com ela, dar escolhas, e, mesmo assim, parece que nada funciona. O que eu faço?"
>
> Talvez, pelo perfil da sua família e, principalmente, da sua criança você precise de algumas ferramentas mais efetivas no sentido de fazer a criança colaborar. Mas, calma, justamente pensando em você, selecionei mais algumas ferramentas que podem funcionar por aí.

9. Estabelecer limites (inclusive físicos)

Algumas crianças precisam de um pouco mais de rotina e previsibilidade do que vai acontecer e de como devem agir. Para essas crianças, funciona muito bem estabelecer limites de horários, opções de roupas e brincadeiras, e, inclusive, limites físicos, do tipo: "Você vai brincar aqui em cima deste tapete enquanto seu irmão brinca em cima daquele outro". Assim, além de evitar brigas e confusões, você ensina a criança a respeitar os próprios limites e os dos outros. Não é um ótimo aprendizado?

10. Quadros de rotinas

Esses quadros devem descrever, com textos, desenhos ou fotos (de acordo com o nível de desenvolvimento da criança), aquilo que é esperado dela em cada momento ou situação. "Ah, Dani, eu já usei o quadro de rotinas aqui em casa, mas não funcionou!" Muitas famílias me dizem isso, e não estou falando aqui que é o seu caso, mas geralmente o que não funciona são dois usos equivocados do quadro de rotina:

1. **Estabelecer horários rígidos:** a ideia aqui não é um quadro de horários, e sim de rotina, ou seja, da sequência de atividades que a criança deve realizar, e não de um horário fixo para elas. Por exemplo, não devemos exigir de uma criança pequena que acorde às 8h e escove os dentes às 8h20. Uma exigência de tal nível está fadada a fracassar. Mas podemos combinar que, na sequência de atividades

a serem realizadas, ela deve escovar os dentes assim que se levantar. Percebe a diferença?

2. **Estabelecer o quadro de rotinas sem a colaboração da criança:** este é talvez o principal motivo pelo qual os quadros de rotina geralmente não funcionam. Os pais e mães os criam da maneira como entendem ser melhor para a criança, mas sem a participação e colaboração delas. É claro, como eu já disse ao longo deste livro, que são os adultos que têm a maturidade emocional para fazer escolhas pela criança. Porém, eu já destaquei também o quanto é importante deixá-las participar por meio de escolhas limitadas. Então, chame seu filho para elaborar o quadro de rotinas com você. Pergunte a ele, por exemplo, se quer primeiro colocar o pijama ou escovar os dentes. Percebe que não há a opção de não escovar os dentes ou de colocar o pijama? Existe apenas uma pequena escolha em relação à ordem em que a criança realizará essas atividades, gerando nela muito mais autonomia e comprometimento com essas tarefas.

"Ah, Dani, minha criança ainda é muito pequena e não consigo estabelecer um quadro de rotinas com ela." Então dá uma olhadinha na possibilidade a seguir.

11. Relógios e ritmos

Crianças muito pequenas ainda não conseguem estabelecer um quadro de rotinas e lidar com eles, mas precisam ainda mais de previsibilidade e organização. Então, para elas, uma ferramenta que funciona muito são os relógios e ritmos. Mostre no relógio visualmente, e não temporalmente, quando será a hora de ir embora do parquinho. Crie também ritmos ou músicas para a hora do banho, das refeições e de guardar os brinquedos, pois isso costuma funcionar muito para obter a colaboração da criança nessa idade.

Mas o que fazer quando a criança já sabe como deve agir (que é o horário de escovar os dentes, por exemplo) e mesmo assim não cumpre a rotina? É o que veremos no próximo tópico.

12. Fazer perguntas

Em vez de mandar a criança escovar os dentes, funciona muito melhor perguntar: "Filho, o que você deve fazer agora antes de dormir?". As crianças simplesmente amam acertar as respostas. Dessa forma, como a menção à tarefa a ser realizada foi feita por elas próprias, acabam tendo muito mais disponibilidade em realizá-la. E, se ainda assim a criança não realizar aquilo que for necessário, utilize as ferramentas 13 e 14.

13. Escolha como você vai agir

Muitas vezes, muito mais efetivo do que você ficar brigando com a criança, dizendo o que ela deve fazer e pedindo para desligar a televisão e ir dormir, é simplesmente comunicar o que você vai fazer. Diga que vai desligar toda a energia da casa e vai dormir. Tenho certeza de que a criança vai te acompanhar.

14. Fale menos e aja mais

Ninguém gosta de longos sermões e explicações. Então, se a criança já sabe que deve colocar a roupa suja no cesto, não cabe repetir e se estressar (você e a criança) por isso. Apenas aponte a roupa suja e/ou o cesto, e diga o mínimo possível: "A roupa!", e você verá que a criança vai perceber e realizar o que é necessário, sem grandes sermões e/ou confusões.

Muitas vezes, o que a criança precisa para colaborar é justamente se sentir parte da família, alguém que tem opiniões e que participa da definição das regras, e não ser um mero "obedecedor" passivo delas. Nesse sentido, é muito importante que quando algumas situações estiverem fugindo do controle, e de acordo com o nível de maturidade emocional da sua criança, você a chame para uma reunião de família.

15. Reunião de família

Nessa reunião, vocês devem conversar sobre o problema que está ocorrendo, mas sem acusar ninguém. A tônica é: "Estamos saindo atrasados todos os dias pela manhã", e não acusar um ou outro membro por demorar no banheiro, por exemplo. Desse modo, todos percebem que estão no mesmo barco e que devem buscar alternativas para a situação que está ocorrendo.

Assim, cada um pode mencionar a sua ideia, sem julgamento: acordar mais cedo, deixar tudo preparado no dia anterior etc. Ao final, escolhe-se uma ou mais alternativas para colocar em prática e verificar se resolvem a situação. Se ainda assim o problema persistir, realiza-se uma nova reunião e escolhem-se novas possibilidades.

*

É claro que todas as ferramentas mencionadas até agora têm como objetivo fazer o seu filho colaborar de maneira tranquila, evitando estresse para você e/ou traumas para ele. Mas eu sei, e você também sabe, que nem sempre será assim. Em alguns momentos, a depender da personalidade e da idade do seu filho, ela vai querer testar as regras para ver o que acontece.

Mas veja bem: a criança não está te testando! Ela está testando o mundo. Ela quer entender se as regras funcionam sempre e o que acontece quando são desrespeitadas. E é claro que é preciso estabelecer consequências nesse caso, mas nunca uma punição, ensinando para ela formas mais efetivas de lidar com a situação, como:

1. **Objetivos equivocados.** Esta é uma ferramenta incrível para mostrar para a criança o que ela está tentando fazer e seus verdadeiros objetivos por trás daquela ação. Então, quando perceber que é o caso, não hesite em dizer ao seu filho, por exemplo: "Filho, eu acho que na verdade você não quer o brinquedo que está na mão do seu irmão. Eu acho que o que você quer mesmo é ver se eu vou dar razão para ele ou para você". Quando você descreve ao seu filho as reais motivações do comportamento dele, traz muito mais luz ao desenvolvimento emocional da criança, além de permitir a resolução (em conjunto com você)

da situação que está posta. Agora, se a criança é muito pequena e ainda não consegue fazer esse tipo de análise, a melhor ferramenta para lidar com as situações de estresse é descrita a seguir.

2. **Redirecionar.** Uma criança pequena ainda não tem o córtex frontal, responsável, entre outras habilidades, pelo autocontrole, então não consegue se acalmar sozinha frente a uma situação de frustração, por exemplo. É papel do adulto confortar essa criança, retirando-a da situação que a está fazendo sofrer e direcionando-a para uma interação mais positiva.

    Por fim, e independentemente da idade da criança e das ferramentas que já tenha utilizado para ela se acalmar e resolver a situação, é sempre muito importante, e em qualquer idade, que a criança repare o erro.

3. **Reparação do erro.** Aqui vale aquela máxima: "Sujou? Limpe!", "Quebrou? Conserte!", "Pegou? Devolva!". É percebendo que suas ações têm efeito no mundo e que ela é responsável por essas consequências que a criança vai estabelecendo melhores formas de agir nesse mundo. O cuidado aqui é que essas consequências, como eu já falei, estejam adequadas ao nível de desenvolvimento da criança. Não vamos pedir que uma criança de 2 anos retire os cacos de um copo quebrado, mas podemos solicitar que ela pegue a pá e a vassoura para que possamos recolhê-los, percebe? E essas consequências nunca devem ser vexatórias. Limpar o que sujou? Extremamente

necessário! Mas fazer isso na frente de um grupo de pessoas ou ouvindo xingamentos por ter agido daquela forma? Consequência vexatória que só vai provocar mais estresse, ressentimento, rebeldia e retaliação na criança.

* A criança não está te testando!
Ela está testando o mundo.

Breve conclusão

Quanta coisa, não é mesmo? Sei que você deve estar pensando exatamente isso neste momento! Mas sei também que, se você chegou ao final deste livro, é exatamente isto que você buscava: uma compreensão melhor do desenvolvimento do seu filho e novas formas de agir e interagir com ele, sem repetir a educação tradicional a que você foi submetido, criando, ao mesmo tempo, um ser humano autônomo, proativo e responsável.

Espero ter contribuído nessa sua jornada e, mais ainda, que você possa desfrutar plenamente da sua paternidade/maternidade, sabendo que nem sempre ela será cor-de-rosa, mas que terá a cor com a qual você pintá-la.

Haverá dificuldades? Certamente! Você vai errar? Sem sombra de dúvidas! Mas, como vimos, o erro é uma oportunidade de aprendizagem, e você poderá sempre ler e reler este material em busca de insights que serão poderosos para você e sua família!

Espero ter contribuído para essa história!

Um abraço!

Dani Fioravante

Agradecimentos

Agradecer a Deus é ao mesmo tempo clichê e necessário, pois, afinal, sem Ele nem estaríamos aqui e nada teria sentido!

E eu também não estaria aqui se não fosse por meus pais, que me deram a vida e me estimularam aos estudos. Mãe, que bom que me estimulou (leia-se: obrigou!) a fazer magistério, pois foi durante esse curso que surgiu a paixão pela psicologia infantil e do desenvolvimento.

E, desde então, foram milhares de alunos, atendimentos, orientações de pais, aulas em graduação, especialização e diversos cursos. Não sei nem contabilizar quantas pessoas e/ou famílias já acessei ou atendi, mas sei que sinto imenso carinho e gratidão pelo que cada uma delas, em sua singularidade, me ensinou sobre a vida e o desenvolvimento infantil.

E sei também que, ao longo de toda essa trajetória profissional, e inclusive durante a escrita deste livro, muitas vezes estive ausente das demais obrigações da vida. E por isso agradeço à minha família pela compreensão e paciência quando não fui a pessoa de que precisavam e que, certamente, mereciam!

E é claro que não poderia deixar de agradecer à amiga Gislene Isquierdo, que foi a primeira que acreditou no meu potencial como escritora e me colocou em contato com a Editora Planeta. Uma editora que, por meio de todos os colaboradores a quem tive acesso, sempre se mostrou ética, competente e comprometida. Foi um prazer trabalhar com vocês e agradeço imensamente a oportunidade.

E, por último, mas não menos importante, agradeço a você, caro(a) leitor(a), a razão principal deste livro. Espero que goste e que sinta todo o carinho aqui depositado!

Acreditamos nos livros

Este livro foi composto em Loretta
e impresso pela Geográfica para a
Editora Planeta do Brasil em maio de 2025.